Herbert Marcuse
Eine Einführung

Hauke Brunkhorst/Gertrud Koch

Herbert Marcuse
Eine Einführung

PANORAMA

Redaktion

Genehmigte Lizenzausgabe Panorama Verlag, Wiesbaden

Einbandgestaltung: Helmut Schaffer
Titelfoto: AKG Berlin
Satz: GGP Media GmbH, Pößneck
Druck: GGP Media GmbH, Pößneck
Printed in Germany
ISBN 3-926642-61-0

Inhalt

1. Ausgangspunkte

Als erstes Kind einer assimilierten jüdischen Familie wurde Herbert Marcuse am 19. Juli 1898 in Berlin geboren, im vornehmen Stadtteil Charlottenburg. Die ersten Fotos zeigen ihn, im standesgemäßen Matrosenanzug, zusammen mit seiner 1902 geborenen Schwester Else vor dem Café Grunewald, mit den Eltern in der Wohnung, im Garten vor dem Haus. Die Erziehung ist konventionell und bürgerlich, durch den häuslichen Einfluß der Mutter literarisch und musisch geprägt; die frühe Jugend gekennzeichnet von Gymnasium und Wandervogel. 1916, nach dem Notabitur, folgt die Einberufung zur Reichswehr in die Etappe bei der Luftschiffer-Ersatz-Abteilung I in Potsdam, der Krieg findet in blutiger Ferne statt. Politisch ziehen die Zeitläufe Marcuse bald nach links, 1917 wird er Mitglied der SPD, 1918 in den Soldatenrat Berlin-Reinickendorf gewählt. Die gescheiterte deutsche Revolution wird zum Generationserlebnis. »Ich bin ein geborener Berliner«, berichtet er 1971 einem Interviewer, um fortzufahren: »Aus irgendeinem Grunde freut mich das heute noch. Wahrscheinlich wegen des berühmten Berliner Humors oder sonst etwas. Aber meine eigentliche Erfahrung beginnt 1918 mit der deutschen Revolution. Ich war 1918 für kurze Zeit Mitglied eines Soldatenrates in Berlin-Reinickendorf. Ich bin aus diesem Soldatenrat ausgetreten, als man anfing, die früheren Offiziere ohne weiteres hineinzuwählen. Dann habe ich die Niederlage in Berlin erlebt, teils war es Verrat, teils Niederschlagung«[1].

Am meisten hat ihn, wie übrigens auch Max Horkheimer, die Münchener Räterepublik unter Kurt Eisner fasziniert. Hier liefen eine Reihe von Fäden zu einem Muster zusammen, das dem Erfahrungshorizont einer großbürgerlichen Berliner Jugend aus der Kriegs- und Vorkriegszeit zwanglos eingefügt werden konnte: bildungsbürgerliche Bohème, radikale Kulturkritik, Jugendbewegung, ästhetischer Protest gegen ein verwaltetes und reglementiertes Leben. Aber, daß sich dergleichen Motive in der kurzen Spanne der Räterepublik mit den politischen Zielen der Linken, mit den universalistischen Idealen des Sozialismus und der Aufklärung verbanden, das war eine deutsche Anomalität, eine beispiellose Abweichung vom gewöhnlichen Kurs deutscher Bildungseliten. Marcuse hat in dem sozialistischen Experiment, das avantgardistische Künstler und liberale Politiker, bürgerliche Intellektuelle und Führer der Arbeiterbewegung vereinigte und am Ende im gegenrevolutionären Terror erstickt wurde, immer eine der »progressivsten Tendenzen der Deutschen Revolution« gesehen[2]. Fünfzig Jahre später, auf der Höhe der Rebellion der Studenten im Frühsommer 1968, kommt er auf diese Erfahrung zurück, wenn er »Romantik« und »Phantasie« für den Sozialismus reklamiert und in einem langen Gespräch mit *L'Express* während der Ferien in Südfrankreich apodiktisch erklärt: »Eine Revolution, die nicht ein wenig Abenteuerlichkeit enthält, ist nichts wert. Alles andere ist Ordnung, Gewerkschaft, Sozialdemokratie, Establishment«[3].

Das darf man nicht falsch verstehen. Natürlich hat Marcuse immer die Notwendigkeit von gewerkschaftlicher und politischer Organisation auf der Linken betont, auch hat er nie übersehen, daß die etablierte Ordnung der »fortgeschrittenen Industriegesellschaft«[4] nicht bloße Repression, sondern immer auch schon ein Stück verwirklichte Freiheit enthält. Marcuse sah als Rationalist im Sozialismus die Gesellschaftsform, in der das Vernünftige endlich wirklich geworden wäre. Aber seine intellektuelle Faszination geht von dem Versuch aus, den romantischen Impuls in die Aufklärung zu integrieren; die Provokation jeder normativen Ordnung durch das Ästhetische einzuklagen, ohne das Opfer des Intellekts zu bringen; die Phantasie und die Tiefendimension des Imaginativen zu erschließen und doch die Vernunft nicht zu verraten.

Zumindest vor dem Hintergrund der deutschen Geschichte ist ein rationalistischer Gebrauch des meist nur einseitig zur Glorifizierung des nationalen Kriegsheldentums verschlissenen, romantischen Potentials ganz ungewöhnlich, auf kleine, linksintellektuelle Zirkel begrenzt. Marcuses eigener sozialer Hintergrund läßt keine signifikante Abweichung vom üblichen Sozialisationsschicksal der deutschen Bildungseliten erkennen. Der Vater ist wohlhabend, konservativ, ein Mann des Geschäfts und der Praxis, die Mutter sensibel, für Kultur und Kunst aufgeschlossen, die Erziehung profan, die übliche Portion Bildungsreligion fließt durch das deutsche Gymnasium, durch Jugendbewegung und Studium den Kindern zu. Viel anders war's bei Webers oder Sombarts wohl auch nicht. Die Karriere schien vorherbestimmt: entweder das väterliche Geschäft oder eine ordentliche Professur. Generationsereignisse wie Krieg und Revolution, die als »Entwurzelung« und »Geworfenheit« erlebt wurden, haben in diesem Milieu deutscher Akademiker bisweilen, und in den zwanziger Jahren immer häufiger, zu einer politischen Radikalisierung geführt, aber fast ausnahmslos nach rechts.

Im Sozialisationshintergrund Marcuses gibt es nur einen abweichenden Aspekt, der vielleicht erklären kann, warum Marcuse zu einem linken Intellektuellen wurde, der, ähnlich wie seine späteren Mitstreiter aus dem Frankfurter Kreis um Max Horkheimer, das in Deutschland gut verdrängte frühromantische Erbe als eine genuine Fortsetzung der Aufklärung begriffen und es der kollektiven Verdrängung zu entreißen versucht hat. Mag sein, daß es die von der Assimilation bloß verdeckte Erfahrung jüdischer Marginalität war, die, als die ideologischen und sozialen Gegensätze sich nach dem ersten Krieg bald zu unversöhnlichen Fronten herausbildeten, bei Menschen wie Marcuse die Erkenntnis begünstigten, daß Perspektiven, die aus der besonderen sozialen Marginalität und der allgemeinen Krise der Zeit herausführen könnten, sich politisch nur nach links öffnen ließen, wenn überhaupt. Ein assimilierter deutscher Jude, der sich nicht vom nationalen Rausch des Weltkriegs hatte blenden lassen, konnte wenigstens aus zwei Quellen Motive schöpfen, sich politisch links und intellektuell rationalistisch zu orientieren. Jede Assimilation, und das hieß ja im besten Falle eine Aufhebung des geächteten und unterdrückten Status einer Minderheit, mußte scheitern, wenn das Projekt der Aufklärung scheitern würde. Das Emanzipationsinteresse hat die assimilierten Juden objektiv an das Projekt der Aufklärung gebunden, ob sie das nun jeweils so gesehen haben oder nicht. Andererseits konnte das Überlebensinteresse, nämlich die immer bedrohlicher werdenden Attacken des Rassismus zurückzudrängen, für jeden, der nicht völlig verblendet war, in der Zeit nach der Niederlage der deutschen Revolution überhaupt nur noch links von der Mitte artikuliert und zur Geltung gebracht werden.

Natürlich haben sozialpsychologische Überlegungen wie diese, die auf einer schmalen Datenbasis generalisieren, nur einen schwachen und hypothetischen Erklärungswert; sie machen uns eine individuelle Biographie plausibel, aber die wirkliche Geschichte kann sich auch ganz anders zugetragen haben. Was immer Marcuse nach links getrieben hat, das Originelle seines intellektuellen Projekts ist gewiß die Reklamation des romantischen Impulses für die rationalistische Idee einer sozialistischen Gesellschaft, der Einbau einer ästhetischen Dimension in den Marxismus.

* * *

Nach der Ermordung von Karl Liebknecht und Rosa Luxemburg verläßt Marcuse 1919 die SPD. Er tritt nie wieder einer politischen Partei oder Organisation bei. Ein Jahr zuvor hatte er das Studium der Germanistik und neueren deutschen Literaturgeschichte im Hauptfach, der Philosophie und der Nationalökonomie im Nebenfach begonnen, zunächst für vier Semester in Berlin, dann für die gleiche Zeit in Freiburg. Dort promoviert er 1922 mit einer Arbeit über den deutschen Künstlerroman. Es handelt sich um eine keineswegs ungewöhnliche, germanistische Dissertation, auffällig allenfalls durch großen Fleiß und breite Bildung, eher bieder und endlos referierend im Stil. Trotzdem geht es schon um ein Thema, das Marcuse zeit seines Lebens fesselt, in dem auch die ästhetische Dimension der Politik schon steckt. Die Arbeit spannt den Bogen vom Sturm und Drang, von Karl Phillip Moritz' *Anton Reiser* und Heinses *Ardinghello* über Goethes *Wilhelm Meister*, die Romantik, das Junge Deutschland, Kellers Realismus bis zur Epigonen-Romantik und endet schließlich bei Thomas Mann.

Theoretisch ist sie an der Ästhetik Hegels orientiert, und sie steht unter dem Einfluß von Georg Lukács' *Theorie des Romans*. Marcuses Interesse ist nicht rein immanent, er will »über den literarhistorischen Problemen ein Stück Menschheitsgeschichte sichtbar« machen[5]. Es läßt sich erkennen an der unüberbrückbar gewordenen Differenz von Kunst und Leben. Das moderne im Unterschied zum klassischen, antiken Kunstwerk, das romantische Werk, der Roman im Unterschied zum Epos sind Ausdruck dieser Differenz, sie wird zum ausgezeichneten Thema des Künstlerromans spätestens seit Goethes *Wilhelm Meister*. Die versunkene Welt des Epos, bei Hegel die »Heroenzeit«, deren klassizistischen Abglanz er noch an Goethes *Herrmann und Dorothea* bewundert hatte[6], bei Lukács die Epoche »geschlossener Kulturen«, das »Weltzeitalter des Epos«[7], ist eine Welt der Einheit und Totalität. Alles paßt zusammen und greift ineinander: »Sein und Sollen«, »Geist und Sinnlichkeit«, »Idee und Wirklichkeit«, »Kunst und Leben«[8]. Die moderne Welt hingegen bietet ein Bild der »Zerrissenheit« und »Entzweiung«[9]. Nachdem die schöne antike Einheit »zerfallen ist«, schreibt Lukács, »gibt es keine spontane Seinstotalität mehr. Die Quellen, deren Gewässer die alte Einheit auseinandergerissen haben, sind zwar versiegt, aber die hoffnungslos ausgetrockneten Strombetten haben das Antlitz der Welt für immer zerklüftet«[10]. In der differenzierten und komplexen modernen Welt stehen Kunst und Leben, wie Marcuse am Beispiel des Künstlerromans belegt, »wie zwei Welten ... einander gegenüber«[11]. Der Roman reflektiert den Bruch, und er protestiert gegen die Zerklüftung der Kulturlandschaft. Kunst wird zum gebildeten Refugium, »letzte Abwehr und Rettung in einer völlig veräußerlichten technisierten Kultur«[12]. Aber am geschichtsphilosophisch projizierten Horizont taucht, und hier werden Anklänge an George und Gundolf hörbar, eine politische Dimension des Ästhetischen auf: Die Rebellion der Kunst gegen das entfremdete Leben ist »Sehnsucht nach schöneren freieren Lebensformen«[13], Forderung nach »völliger Revolutionierung der brüchigen Lebensformen«[14].

Doch der junge Marcuse treibt die Politisierung des Ästhetischen nicht in die Ästhetisierung der Politik hinein; in seiner Dissertation gibt er schließlich dem asketischen Realismus Thomas Manns den Vorzug, der Kunst und Leben in ironischer Distanz doch noch, unter Verzicht auf zuviel Leben, zur brüchigen Einheit fügt. Erst unter dem Einfluß Heideggers wird der Ton von Marcuses Texten expressionistischer, der Gedanke der Revolution totalisiert sich. Bei all dem darf man aber nicht aus dem Auge verlieren, was Marcuse schon früh aus dem intensiven Studium der idealistischen Denkbewegung von Hegel bis zum jungen Lukács gelernt hat: daß die Differenzierungen der Moderne, daß Entzweiung und Entfremdung nicht nur Verlust des Ursprungs und der Einheit sind, sondern eben auch der Fortschritt, angesichts dessen der Rückgang in unvermittelte Einheit der Rückfall in Barbarei wäre. Das hat er später gegen allzu rousseauistisch gesonnene Rebellen der sechziger Jahre wie auch gegen frühe Poststrukturalisten und Subkulturtheoretiker wie Bataille oder Norman O. Brown immer wieder geltend gemacht:

Innerhalb des historischen Universums (des einzigen, das in irgendeinem Sinn das Universum von Freiheit und Erfüllung sein kann) gibt es Teilungen und Grenzen, die real sind und sogar dann noch bestehen bleiben werden, wenn Freiheit und Erfüllung erlangt worden sind, denn alle Lust und alles Glück und alle Menschlichkeit hat darin ihren Ursprung und lebt in und mit diesen Teilungen und Grenzen.[15]

Freilich bleibt das Glücksversprechen, der versöhnungsutopische Horizont des Ästhetischen, auch für den »Kritischen Theoretiker« Marcuse das Maß radikaler Gesellschaftskritik. Der affirmativen Kunst entwendet er, paradigmatisch in seinem Aufsatz von 1937, den universellen Wahrheitswert des Ästhetischen, um ihn gegen den affirmativen Charakter der Kultur scharf zu machen. Die als spannungsreiche Vermittlung von Kunst und Leben ins Auge gefaßte »Aufhebung und Beseitigung« der »verruchten Affirmation« (Adorno) ist nicht das Ende der Besonderheit des Ästhetischen, seines Eigensinns. In ihm liegt allerdings die materialistische Absage an die Askese, aber gerade nicht deren Generalisierung durch Zerstörung der subtileren Möglichkeiten einer vielfältig spezialisierten Kultur. Egalitärer Materialismus ist von bürokratischer Uniformierung ebenso scharf zu unterscheiden wie von der Absenkung des ästhetischen Niveaus durch populistische Pädagogisierung:

Jeder Versuch, das Gegenbild der affirmativen Kultur zu zeichnen, stößt auf das unausrottbare Klischee vom ›Schlaraffenlande‹. Es ist aber immer noch besser, dieses Klischee zu akzeptieren als jenes von der Umwandlung der Erde in eine riesige Volksbildungs-Anstalt. ... Solche Ansichten verfehlen das Entscheidende: die Aufhebung dieser Kultur. Nicht das primitiv-materialistische Element an der Idee vom Schlaraffenland ist falsch, sondern seine Verewigung. Solange Vergänglichkeit ist, wird genug Kampf, Trauer und Leid sein, um das idyllische Bild zu zerstören. ... Auch eine nicht-affirmative Kultur wird mit der Vergänglichkeit und mit der Notwendigkeit belastet sein: ein Tanz auf dem Vulkan, ein Lachen unter Trauer, ein Spiel mit dem Tod.[16]

Aber gegen die metaphysische Verklärung von Not und Vergänglichkeit, gegen die Glücklosigkeit, die »das Werk einer vernunftlosen gesellschaftlichen Organisation« ist, wird die Klage um Aufhebung mit Recht erhoben: Diese Aufhebung »wird mit der Beseitigung der affirmativen Kultur die Individualität nicht beseitigen, sondern verwirklichen«[17].

Später, in *Triebstruktur und Gesellschaft*, versucht Marcuse der »ästhetischen Dimension« eine Alternative zu dem als Leistungsprinzip institutionalisierten Realitätsprinzip der Industriegesellschaft abzugewinnen. Er entwirft die Idee zu einer nicht-repressiven Lösung des Hobbesschen Problems der gesellschaftlichen Ordnung. Den Zeilen Baudelaires: »Da ist alles nur Ordnung und Schönheit, Überfluß, Stille und Wollust«, glaubt er deshalb das Bild einer besseren Welt entnehmen zu können, weil ihr ästhetischer Zusammenhang der wahrscheinlich »einzige« ist, »in dem das Wort Ordnung seine repressive Bedeutung verliert: hier ist es die Ordnung der Erfüllung, die der freie Eros schafft«[18]. Begründet wird diese Vision mit den Mitteln der Freudschen Metapsychologie. Diese nutzt Marcuse, um den Begriff einer autonomen, selbst-bestimmten »Selbstsublimierung der Sexualität in Eros« plausibel zu machen und eine »neue Idee der Vernunft« als »libidinöse Moral« zu konstruieren. Die ästhetisch erweiterte Rationalität bestimmt sich aus der Grenze, die der Begriff der »freien Sublimierung« der Wirklichkeit »repressiver Sublimierung« zieht[19].

Mit der Formel von der »neuen Sensibilität« hat Marcuse einer Revolte das romantische Stichwort geliefert, die selbst mit aggressivem Rationalismus und aufgeklärtem Selbstverständnis dem Spätkapitalismus den Prozeß machen wollte. Marcuse erkennt, daß in der Studentenbewegung der späten sechziger Jahre die politischen Sprengsätze des Ästhetischen wirksam werden. Blumen auf den Barrikaden, sexuelle Befreiung, expressive Aktion und surrealistische Graffiti, die Besetzung der Pariser Oper – hier berühren sich Kunst und Leben in der außeralltäglichen Politik bewegter Massen. Marcuse stellt sich die Frage einer möglichen Veralltäglichung. Ästhetisch durchaus konventionell sieht er sie in der Form des Kunstwerks. Sie zwingt den Choc des irritierenden Augenblicks in die Permanenz ästhetischer Ordnung. Dann stellt sich die Kant entlehnte Frage, ob in ihr die »mögliche Form einer freien Gesellschaft« erscheint.

Marcuse sucht, bisweilen überschwenglich, Antworten. Er scheut sich nicht, die Gesellschaft als Kunstwerk zu entwerfen und das Programm der surrealistischen Revolte zu erneuern. Im Pariser Mai fällt – wenigstens für einen geschichtlichen Augenblick – Adornos Diktum, »Kunst wäre Einspruch gegen Verdinglichung«, mit der Einlösung dieses Einspruchs durch eine wirkliche Bewegung zusammen. Selbst vor der Idee, die Technik zu ästhetisieren, das Bündnis einer »befreienden Kunst« mit einer »befreienden Technologie« zu beschwören, schreckt Marcuse im *Versuch über die Befreiung* nicht zurück. Im Interesse, Philosophie konkret werden zu lassen, geht er ganz bewußt das Risiko eines »fatal verfrüht« erscheinenden »theoretischen Entwurfs« ein. In kühnen Antizipationen skizziert er die Idee einer ästhetischen Vernunft, die den »sozialen Gehalt« einer nicht-repressiven Ordnung in der Form des Kunstwerks freilegen möchte. Eine »neue Moral und Kultur«, die in der ästhetischen Form einer nicht-repressiven Sublimierung verankert wäre, könnte den »psychischen Thermidor«

rückgängig machen und das »Vertrauen in die Rationalität der Phantasie rechtfertigen«. Als Gegenteil des kapitalistischen Geistes wie des »esprit des sérieux im sozialistischen Lager« imaginiert Marcuse eine »ästhetische Moral«, die Sinnlichkeit und Vernunft versöhnt.

Das ist, philosophisch gesehen, keineswegs eine absurde Idee, trifft sie doch die schwächste Stelle der modernen Theorie des Moralischen, wie Kant sie entwickelt hat. Dessen strikte Trennung der Freiheit von der Notwendigkeit in der noch christlich eingefärbten »Zwei-Reiche-Lehre«, die zu den schroffen und äußerst repressiv wirkenden Reinigungsritualen praktischer Motive von jeder sinnlichen Qualität und jedem Interesse bei Kant geführt hat, ist gewiß der schwächste Punkt in dieser Moraltheorie, und er hat seit Schiller und Hegel immer wieder heftigen Protest provoziert. Heute gibt es kaum noch jemanden, der die Lehre von den getrennten Reichen des Empirischen und der Freiheit verteidigt. Wie und ob unabhängig von dieser Lehre der Universalismus und die Autonomie vernünftiger Selbstbestimmung mit einleuchtenden Gründen verteidigt werden können, ist aber bis heute unter Philosophen strittig. Gerade für diejenigen, die nicht hinter das normative Niveau der Moderne, den Universalismus und die Autonomie der Vernunft zurückfallen wollen, sind Versuche interessant, den notwendig abstrakten moralischen Universalismus für Bedürfnisse und Interessen, für Sinnlichkeit und Imagination offen zu halten und nach ästhetischen Erweiterungen des Moralischen zu suchen.

Bei der sehr plausiblen Suche nach dem »gemeinsamen Nenner des Ästhetischen und des Politischen« geht Marcuse vermutlich einen Schritt zu weit, wenn er versucht, die ästhetische Form mit der »Form der Freiheit« zu identifizieren. Er ist gegenüber den nicht-repressiven Bindungskräften des Moralischen so skeptisch, daß er allein dem Ästhetischen die Macht wahrhaft freier Vereinigung zutraut. Die Utopie eines autoritätsfreien Sollens[20] schrumpft so auf die ästhetische Integrationsform des Sozialen zusammen. Das aber ist eine Überschätzung der Integrationskraft des Ästhetischen. Marcuse hat das sehr wohl gespürt und deshalb immer wieder stillschweigend und gegen seine erklärte Absicht an verschiedenen Stellen auf metaphysische, teleologische Denkfiguren zurückgegriffen: in *Triebstruktur und Gesellschaft* durch eine geschichtsphilosophische Ausdeutung der Freudschen Trieblehre, in *Der eindimensionale Mensch* durch Rückgriffe auf die aristotelische Lehre objektiver »Zweckursachen«; und im *Versuch über die Befreiung* sieht er sich gezwungen, das Telos des Ästhetischen dann doch oberhalb von »bloßer Selbstbestimmung und Selbstverwirklichung« in der »Bestimmung und Verwirklichung von Zielen« abzusichern, »die das Leben auf der Erde erhöhen, schützen und befrieden«[21].

Am Ende ist die ästhetische Vernunft doch nur die geheime Rückseite der instrumentellen, ihr schöneres Spiegelbild. Das konstruktivistisch kühne »Bündnis von befreiender Kunst und befreiender Technologie« bleibt im Horizont rebellischer Produktivkräfte. Waren es im klassischen Marxismus die technischen, so sind es jetzt die Produktivkräfte des phantasierenden Subjekts. Das reklamiert zu Recht eine von der Orthodoxie vergessene und verdrängte Dimension, aber es ist immer noch eine Spur zu orthodox. Die ästhetisch imaginierte »Praxis der Produktion von Umwelt« ist nur eine Variante instrumenteller Praxis, und die Imagination selbst bleibt, so anrührend sie ist, in einer vorindustriellen Bilderwelt stecken:

Beim Neubau der Gesellschaft ... nähme die Wirklichkeit insgesamt eine Form an, die das neue Ziel ausdrückt. Die wesentlich ästhetische Qualität dieser Form würde aus ihr ein Kunstwerk machen; insoweit aber die Form aus dem gesellschaftlichen Produktionsprozeß hervorginge, hätte Kunst ihren traditionellen Ort und ihre Funktion in der Gesellschaft geändert: sie wäre zur Produktivkraft der materiellen wie der kulturellen Umgestaltung geworden. ... Die Kunst gewönne einige ihrer ursprünglicheren ›technischen‹ Nebenbedeutungen zurück: als Kunst der Zubereitung (Kochkunst!), der Kultivierung der Dinge, die ihnen eine Form verleiht, die weder ihre Materie noch die Sinnlichkeit verletzt.[22]

Die Sinne sollen sich, so lautet mit dem jungen Marx der ästhetische Imperativ, »zu der Sache um der Sache willen« verhalten. Marcuse gibt ein Beispiel:

In Jugoslawien werden hölzerne Zuschneidebretter verkauft, die auf der einen Seite mit bunten Blumenmustern bemalt sind, während die andere Seite unbemalt ist. Auf den Brettern steht gedruckt: ›Beschädige nicht meine hübsche Seite, benutze die andere.‹ Kindlicher Anthropomorphismus? Gewiß. Aber wir können auch annehmen, daß diejenigen, die diese Idee hatten, und die Benutzer, die sie akzeptieren, eine ganz natürliche, instinktive Aversion gegen Gewalt und Zerstörung haben, daß sie sich zu der Sache tatsächlich ›menschlich verhalten‹, daß die Sache für sie ein Teil der Lebenswelt ist und daher Züge eines lebendigen Gegenstandes annimmt.[23]

Das Zitat läßt nicht nur erkennen, wie Marcuse immer wieder Denkmotive seiner Lehrer Husserl und Heidegger (Lebenswelt, Sich-zu-sich-verhalten als Modus des »Zu-Seins«) mit solchen von Hegel, Marx (»um der Sache willen«) und Freud (Leben, Instinkt) integriert. Es läßt auch erkennen, daß die »Praxis der Produktion von Umwelt« an handwerklichen Modellen und einer substantiellen, aristotelischen Ästhetik der vielen Künste haftet. Wenn Marcuse bisweilen die Harmonie mittelalterlicher Architektur als vorbildlich auszeichnet[24], dann meint er natürlich nicht, der Funktionalismus solle sich zur Fachwerkarchitektur zurückbilden. Ein Zurück gibt es nicht, alles andere wäre ein völliges Mißverständnis. Aber er glaubt doch aus solchen Beispielen ein eher klassizistisches Harmonie-Ideal abstrahieren zu können, das dann problemlos als Maß einer höheren, »nachtechnischen« Entwicklungsstufe der Kultur dienen kann. »Der Ort des Kunstwerks«, so schreibt er in *Der eindimensionale Mensch*, »in einer vortechnischen und zweidimensionalen Kultur ist sehr verschieden von dem in einer eindimensionalen Zivilisation, aber Entfremdung charakterisiert affirmative ebenso wie negative Kunst«[25]. Hier ist Marcuse noch ganz auf der Linie seiner Kritik des affirmativen Charakters von 1937 und auf der von Adornos Negativitätsideal der Moderne. Aber der hier ganz positiv gemeinte Begriff der »Entfremdung« von einer falschen Wirklichkeit rückt moderne und klassische Kunst näher aneinander heran und taucht die klassische in ein milderes Licht.

In seinen letzten Schriften über *Konterrevolution und Revolte* und über die *Permanenz der Kunst* verteidigt er dann, unter dem Eindruck von allzu destruktiven Versuchen einer vorschnellen Aufhebung der Kultur und unter dem wachsenden Einfluß seines Freundes Leo Löwenthal, vehement den Klassizismus des Schönen und den »traditionellen Ort« der Kunst. Dieser Ort wird nun zur Gewähr des Humanen, daß die Menschen noch imstande sind, »zwischen Wahr und Falsch, Schön und Häßlich, Gegenwärtig und Zukünftig zu unterscheiden«[26]. Auch dies beweist ein weiteres Mal, wie weit der Hegelianer Marcuse von den modischen Beschwörungen des Mythos und des

Archaischen entfernt ist, die den Zeitgeist unseres Jahrhunderts als konservatives Echo begleiten. Ortlosigkeit haben konservative Denker Marcuse und seinen Frankfurter Freunden immer wieder vorgeworfen. Es scheint jedoch eher, daß zumindest Marcuses Denken bisweilen nicht ortlos genug ist.

2. Heideggermarxismus

Mit Wort und Begriff der Dialektik ist in der neueren Philosophie und in der marxistischen Theorie und Praxis ein solcher Mißbrauch getrieben worden, daß der Versuch unumgänglich geworden ist, sich wieder auf den Ursprung der Dialektik zu besinnen. ... Durch eine schlechte Dialektik läßt sich jeder Fehler, jeder Rückschritt rechtfertigen, ... so daß am Ende dasselbe herauskommt wie bei der bürgerlichen Philosophie: Vermeidung von Entscheidungen. Demgegenüber ist es Pflicht, entweder alles Reden von Dialektik aufzugeben, oder sich wieder um eine ursprüngliche Aneignung der Dialektik zu bemühen.[1]

Polemisch könnte man sagen, daß Marcuse seinen Lehrer Heidegger glücklicherweise mißverstanden hat. Mit Heidegger insistiert er auf Existenz und Entscheidung, und er fordert den hermeneutischen Rückgang zum Ursprung, aber anders als Heidegger will er nicht aus der Tradition des dialektischen Denkens ausbrechen. Am Ursprung hofft er auf eine neue Aneignungsgeschichte zu stoßen, die den Wahrheitskern der Tradition freilegt. An der Universität der deutschen Mandarine hatte der Versuch, Existentialismus und Marxismus zu vereinigen, so wenig einen Ort wie später in Osteuropa unter der Herrschaft Stalins. Schon bevor er von den Nazis verjagt wurde und als er selbst noch hoffte, eines nicht zu fernen Tages in Deutschland Professor zu werden, hatte sich der Ort von Marcuses Denken stillschweigend nach Westen verschoben. Erst im Paris der Résistance und Sartres reifte die Zeit für eine Idee, von der Marcuse Ende der zwanziger Jahre besessen war: den Marxismus der Parteien durch eine Philosophie der individuellen Freiheit zu erneuern. Wie später Sartre begreift Marcuse Dialektik als praktische Vermittlung von Theorie und Praxis. Wenn der Mensch »als dialektisches Sein gegeben« ist[2], dann ist dieses Sein auch von Anfang an als Einheit von Theorie und Praxis und als innerer Zusammenhang von Vernunft und Wirklichkeit gegeben. Das ist die erste Lehre aus der hermeneutischen Erschließung des »Ursprungs« und des ursprünglichen Sinns von »Dialektik«: Schon bei Plato geht es der Dialektik um das »wahre Sein«, sie »gehört zur höchsten menschlichen Erkenntnisstufe, der ›Vernunft‹..., also zum Logos selbst, gerade in seiner griechischen Doppelbedeutung als Logos des Seienden und als Logos der das wahre Sein sichtbar machenden menschlichen Rede«; als »Miteinander-reden« deckt der Logos das dialektische »Wesen des Seienden« auf[3].

Natürlich hat Marcuse auch den kulturkritischen Appell Heideggers zur existenziellen Besinnung aufs »Eigentliche«, den »Ruf des Gewissens« zur »vorlaufenden Entschlossenheit« vernommen, der avantgardistisch zum Ausbruch aus dem Existential des grauen Alltags, dem »Man« der Masse Mensch rät[4]. Die »Krisis des Kapitalismus« ist schon für den knapp Dreißigjährigen mehr als eine Steuerungskrise, ein ökonomisches Planungsdefizit. Sie ist deshalb so dramatisch, weil sie eine umfassende »Krisis der Existenz ist«[5]. Die Freiburger Erfahrungen sind von konservativer Sehnsucht nach »ehemals« konkreten Lebensformen und der reaktionären Klage über den Verlust »aller personalen Werte« nicht ganz frei[6]. Aber die Heideggersche Feier der Provinz ist nicht das letzte Wort. Hier wird der Marxismus zum Korrektiv.

Allein, die Einsicht in die »Krisis der Existenz« schärft den Blick für die ungeschichtlichen, dogmatischen Züge am Marxismus. So ist beispielsweise der Begriff eines »richtigen Klassenbewußtseins«, das der jeweiligen »Klassenlage« entspricht, ein statischer, um mit Marx zu reden, »stehender und ständischer« Begriff, der das eigentlich Neue am modernen Kapitalismus, das Moderne am Begriff der ökonomischen, marktbedingten »Erwerbsklasse« (Weber) gerade verfehlt. Auch hier gilt es eine ursprüngliche Einsicht von Marx unter den Trümmern einer instrumentell orientierten Rezeptionsgeschichte aufzudecken. Die »existentielle« Bedeutung in der Herausbildung des Klassenverhältnisses war gerade die Zerstörung jedes traditionalen, von außen zurechenbaren und äußerlich sichtbaren, symbolisch zelebrierten Klassenbewußtseins. In der Praxis war ja auch immer die Differenz von Klassenlage und Klassenbewußtsein, war Abweichung, nicht Übereinstimmung das fundamentale Organisationsproblem der Arbeiterbewegung und der sozialistischen Revolution. Die marxistischen Zurechnungsrituale im Stile von Lukács verhalten sich deshalb zur radikalen Geschichtlichkeit moderner Lebenspraxis ebenso konservativ wie die organisatorischen Ersatzlösungen der Avantgardeparteien: Die marxistische Konzeption des Klassenbewußtseins ist »eine Durchbrechung der Dimension der Geschichtlichkeit, eine Fixierung ›außerhalb‹ des Geschehens, von wo aus erst eine künstlich-abstrakte Verbindung mit der Geschichte hergestellt werden muß«[7]. Erst die Erschließung der existentiellen Bedeutung kapitalistischer Klassenbildung öffnet den Blick für die geschichtlichen Möglichkeiten. Gerade weil Klassenbildung unter Bedingungen des modernen Kapitalismus Verdinglichung und Atomisierung (»Entfremdung«) bedeutet, wird die Hoffnung auf ein kollektives Totalitätsbewußtsein immer trüber, aber die praktische

Durchbrechung des Zwangs zu Tradition und Kollektiv eröffnet neue Individualisierungschancen in gemeinsamer, verändernder Praxis. Die von Marx postulierte »verändernde Praxis« ist immer nur existentiell, als Selbstbewußt-Sein, als Individualisierung möglich.

Der Wahrheitsgehalt von Heideggers Formel: »Höher als die Wirklichkeit steht die Möglichkeit«[8], erschließt sich erst einer kritischen Gesellschaftstheorie; aber in der muß es »einen Ort für das, was man eine existentielle Analyse nennen könnte«, geben:

Ich meine die ganze Dimension, die im Marxismus vernachlässigt worden ist, zum Beispiel die Frage, wie die sozialen Institutionen sich selbst in den Individuen reproduzieren und wie die Individuen, kraft ihrer eigenen individuellen Reproduktion, die gesellschaftlichen Handlungen hervorbringen.[9]

In diesem Sinne ist Marcuse immer »Existentialist« geblieben: Eine »Flucht in die Weltgeschichte« gibt es nicht. Existieren »tut immer nur jeder Einzelne«.

Seine eigentliche Existenz kann ihm keine Gesellschaft abnehmen. ... Niemals darf die ... entscheidende Verantwortung auf irgendeine Allgemeinheit abgewälzt werden. ... Die Gesellschaft ist weder ein daseiendes Subjekt neben dem Einzelnen noch die Summe der Einzelnen, sondern ... die Gesellschaft (ist) jeder Einzelne selbst, ... die konkret-geschichtliche Weise des Daseins des Einzelnen.[10]

Später verbindet sich dieser Gedanke mit Horkheimers Individualismus: »Das allgemeine Glück, getrennt von dem Glück der Individuen, ist eine sinnlose Phrase«[11].

***

Als Marcuses Habilitationsschrift über »Hegels Ontologie und die Theorie der Geschichtlichkeit« 1932 bei Vittorio Klostermann in Frankfurt am Main erschien, war Adorno der erste, der es erkannte: »Damit scheint Marcuse von Heideggers publiker Lehrmeinung ... entscheidend abzuweichen: er tendiert vom ›Sinn von Sein‹ zur Erschließung des Seienden; ... von Geschichtlichkeit zur Geschichte«[12]. Hinter die »geschichtlich-gesellschaftliche Wirklichkeit« kann »keine Theorie zurückgehen«[13]. Das »ganz empirische Leben«, in dem die »Existenzen ... alltäglich eingesetzt werden«, ist das unhintergehbare Fundament aller kognitiven Leistungen. Aus dieser Perspektive wird die Heideggersche Frage nach dem Ursprung des »In-der-Welt-seins«, die Frage nach dem »Sein« des »Seienden« sinnlos. Die »geschichtliche Existenz« selbst ist schon der Ursprung. Aus Marcuses marxistischer Optik wird das ganz diesseitige In-der-Welt-Sein zum eigentlichen Grundbegriff der Existenzphilosophie, und die im Grunde theologischen Wesens- oder Seinsfragen sprengen den Fragehorizont der philosophischen Rationalität. Bei Heidegger, so stellt Marcuse wenig später fest, bleibt wie auch bei Jaspers

> die entscheidende Sphäre der Existenz der wirklichen Geschichte gegenüber transzendent: ›ungeschichtlich‹! ... Alles Reden von Geschichtlichkeit bleibt solange abstrakt ..., bis nicht die ganz konkrete ›materielle‹ Situation akzentuiert ist, in der die philosophierende Existenz faktisch gerade lebt, bis nicht von ihrer faktischen Struktur aus die Möglichkeiten und Wirklichkeiten eigentlichen Existierens betrachtet werden.[14]

In einer ganzen Reihe von Aufsätzen, von denen die meisten in der sozialdemokratischen, von Hilferding herausgegebenen Zeitschrift *Die Gesellschaft* erschienen, zeigt der junge Marcuse mit philologischer Akribie – und sehr überzeugend –, in welchem Maße Karl Marx entscheidende Denkmotive des geisteswissenschaftlichen Philosophierens von Dilthey bis Heidegger vorwegnimmt. Das beginnt mit der pragmatistischen Deutung der »verdinglichten Produktionsverhältnisse« als »Verhaltenweisen des gesellschaftlichen Menschen«[15]. Marcuse insistiert auf einer »ontologischen« Lesart des jungen Marx, die er der üblichen anthropologischen vorzieht. Die Marx-Feuerbachschen »Leidenschaften« und »menschlichen Wesenskräfte« sind Weisen des »Zu-Seins«, in denen die Menschen sich zu sich verhalten, freilich bei Marx mit entscheidendem Akzent auf Universalität und Freiheit. Marx durchbricht die abstrakten Lehren getrennter Reiche von Sein und Bewußtsein, Freiheit und Notwendigkeit, Subjekt und Objekt, Mensch und Welt, Innen und Außen und stößt im Begriff des »gesellschaftlichen Seins« und der »Produktions- und Verkehrsverhältnisse« zur Kategorie des »In-der-Welt-Seins« vor. Das wichtigste ist natürlich die Entdeckung des geschichtlichen Charakters des gesellschaftlichen Seins als Zeit. Schließlich gelangt Marcuse zu einer originellen Bestimmung der revolutionären Situation bei Marx. Sie folgt nämlich keineswegs der Logik ökonomischer Krisenzyklen und der schematischen Aufstufung des Klassenbewußtseins von korporatistischen Orientierungen zur Totalität. Vielmehr gerät die »Produktionsweise ... in Widerspruch mit ihren Existenzformen«[16].

In Marcuses Untersuchungen geht es nicht um den müßigen Nachweis, daß irgendwie bei jedem großen Denker je schon alles vor- und mit-gedacht ist: je früher und größer, desto mehr, und im seinsvergessen ungelichteten Ursprung immer schon alles in einem. Was Marcuse ins Licht rückt, hat mehr mit Aufklärung als mit dem Rettenden zu tun. Es ist ein sehr existentieller und empirischer, gut verdrängter Zug der deutschen Geistesgeschichte, denn das Denken von Marx war an der Universität der deutschen Mandarine weit vergessener als das Sein. Deshalb ist die Erinnerung an die philosophische Bedeutung von Marx alles andere als trivial. Dessen akademische Ausgrenzung, der freilich eine allzu parteiliche Instrumentalisierung des Marxismus in der Arbeiterbewegung korrespondiert, hat einer irrationalistisch schillernden Abstraktion von der Dimension sozialer und materieller Lebensverhältnisse unter den deutschen Bildungseliten den Weg bereitet. Ohne Marx und die ganze westliche Tradition liberaler und demokratischer Ideen auch nur ernsthaft zu diskutieren, konnte die geisteswissenschaftliche Philosophie von Dilthey bis Heidegger die radikale Überwindung des deutschen Idealismus im Gewande eines nun wirklich schlechten, zunehmend elitären »Idealismus« verkünden. An der Verachtung der materiellen Wirklichkeit und der Verklärung von Opfer und Tod im Namen des Ewigen hat sie weit heftiger festgehalten als der alte Idealismus selbst, aber der universalistische Rationalismus dieser Philosophie wird in großen Stücken weggesprengt. Der von Dilthey bis Heidegger wachsende Affekt gegen den Rationalismus schlägt beide Fliegen der Aufklärung mit einer Klappe, den Vernunftidealismus zusammen mit dem egalitären Materialismus [17]. An diese deutsche Wunde gerührt zu haben, ist auch ein therapeutisches Verdienst des Versuchs, die existentialistischen Grundlagen des Marxismus zu entbergen. Anfang der dreißiger Jahre aber mußten alle therapeutischen Maßnahmen scheitern, die Agonie der deutschen akademischen Klasse war nicht mehr aufzuhalten.

Das »ganz konkrete« »empirische Leben« zwang Marcuse bald zur Flucht in den Westen. Aus Genf schreibt er rückblickend 1933:

Man hat – gerade im Hinblick auf die Existenzphilosophie – von der Philosophie als ›Wagnis‹ gesprochen, vom ›Einsatz der Existenz‹. ... Es ist gut, so hohe Worte zu vermeiden, besonders in einer Zeit, wo das Wagnis weit eher in den Bereichen des ganz empirischen Lebens zu Hause ist und Existenzen ganz wo anders und alltäglich eingesetzt werden.[18]

***

Am 3. November 1933 hatte Martin Heidegger in einem mit »Heil Hitler! Martin Heidegger, Rektor« unterschriebenen nationalsozialistischen Aufruf in der »Freiburger Studentenzeitung« die Sätze geschrieben: »Nicht Lehrsätze und ›Ideen‹ seien die Regeln Eures Seins. Der Führer selbst und allein ist die heutige und künftige deutsche Wirklichkeit und ihr Gesetz«. Damals hatte Marcuse sofort im zweiten Heft des Jahrgangs 1934 der *Zeitschrift für Sozialforschung* aus dem Pariser Exil auf diesen Satz geantwortet. Mit einem Zitat aus Hegels Berliner Antrittsvorlesung von 1818: »Was im Leben wahr, groß und göttlich ist, ist es durch die Idee...«, und er hat dem den Schluß hinzugefügt:

Der Existenzialismus, der sich einst als Erbe des deutschen Idealismus verstand, hat die größte geistige Erbschaft der deutschen Geschichte ausgeschlagen. Nicht mit Hegels Tode, sondern jetzt erst geschieht der Titanensturz der klassischen deutschen Philosophie.[19]

Noch Jahrzehnte später hat der fast Achtzigjährige den Satz Heideggers vom November 1933 in einem Interview zitiert und sein Unverständnis aus der Empörung des ehemaligen Schülers geäußert:

Das ist ein Mann, der sich selbst für den Erben der großen Tradition des westlichen Denkens von Kant, Hegel usw. hielt — das wird jetzt alles beiseite geschoben. ... Ich sprach mehrfach (nach dem Krieg) mit ihm darüber und er gab zu, daß es ein ›Irrtum‹ war; er hätte Hitler und die Nazis falsch eingeschätzt — dazu möchte ich folgendes sagen, zuerst: das ist einer der Irrtümer, die ein Philosoph sich nicht leisten darf. Er kann und darf sich gewiß vieles leisten, viele Fehler, aber das ist kein Irrtum und kein Fehler, das ist nun wirklich der Verrat an der Philosophie als solcher.[20]

Die Unterscheidung von »Irrtum« und »Verrat«, die Marcuse hier trifft, beschreibt den Sachverhalt aus der Perspektive eines ganz konventionellen philosophischen Rationalismus. Der Philosoph ist weder besser noch klüger als andere Menschen, er kann sich wie jeder über Sachverhalte täuschen, kann blind sein, er kann eine zweifelhafte Moral vertreten, schlechte Mittel für gute Zwecke heiligen und sich in der Güte der Zwecke überdies noch vergreifen. Das gilt zum Beispiel für Hegels Rechtfertigung des preußischen Staates, seinen Versuch zu zeigen, daß der aufgeklärte Absolutismus die verwirklichte Vernunft sei. Das war, vermutlich, ein grandioser philosophischer Irrtum. Und eine moralische Selbsttäuschung war gewiß seine Verklärung aller unschuldigen Opfer der Geschichte zu solchen, die durch ihr Opfer an einer höheren, ewigen Vernunft partizipieren. Voller Irrtümer sind auch die Versuche von Georg Lukács, den realen Sozialismus in der Sowjetunion als den besten Weg zur Verwirklichung von Vernunft und Freiheit zu beschreiben. Ähnliches gilt für manche Schrift von Sartre aus der Zeit zwischen 1952 und 1956. Trotz der bisweilen erschreckenden sachlichen, politischen und moralischen Irrtümer hat doch keiner dieser Philosophen je die Philosophie, deren Grundbegriff der Vernunftbegriff immer war, verraten. Aber das genau hat Heidegger getan, als er den Führer und sein Regime, ganz bewußt in philosophischer Absicht, gefeiert hat, ein Regime, über dessen vernunftfeindliche, partikularistische Absicht sich niemand täuschen konnte. Auch Heidegger hat sich über diesen Umstand nie getäuscht. Im Gegenteil, genau das ist es, was er an den Nazis so bewundert hat, daß sie an die Stelle der abstrakten »Ideen« von Allgemeinheit, Gleichheit, Vernunft und Freiheit die Eigentlichkeit eines Atoms gesetzt haben, des (vermeintlich Hölderlinschen) Retters und »Führers«, der sein Volk aus der »Seinsvergessenheit« von zweitausend Jahren westlicher Vernunftherrschaft erlöst und »im Sturm« herausführt. Am Führer bewundert er die »vorlaufende Entschlossenheit«, die Vernunft zu zerstören. Heidegger war konsequent und schamlos genug, den Faschisten, nachdem er ihnen schmollend den Rücken gekehrt hatte, genau dies immer wieder vorzuwerfen, daß sie nicht radikal genug mit der rationalistischen Tradition gebrochen hätten und vorgeblich selbst zu deren Vollstrecker geworden seien. Marcuse hat wiederholt darauf aufmerksam gemacht, daß es diese Unterscheidung von Verrat und Irrtum ist, die den Unterschied ums Ganze kenntlich macht, der zwischen Heideggers Engagement für Hitler und Platons sizilianischem Abenteuer besteht, aber auch zwischen Heidegger und seinen vielen Kollegen auf der einen und Lukács oder Merleau-Ponty auf der anderen Seite. So warnt uns Marcuse implizit vor der Dummheit, im Klischee der Meisterdenker und des neu erblühenden Totalitarismusschemas diesen Unterschied zu verwischen und mit ihm Vernunft und Logos zu vergessen.

Umso erstaunlicher ist, wie Marcuse übersehen konnte, daß Heidegger gar nicht der »Erbe des deutschen Idealismus« und »der großen Tradition des westlichen Denkens« sein wollte. Gewiß wollte Heidegger an der »Größe« dieser Tradition partizipieren – an ihr selbst und ihren grundlegenden Vernunftideen aber gerade nicht. Er sah seinen Ort in deren Geschichte als Ort der Destruktion, sich selbst als deren Zertrümmerer und den andenkenden Propheten eines kommenden Retters in der Not der Vernunft. Sein marxistischer Schüler jedoch hat die Beziehung der Existenzphilosophie zur idealistischen Vergangenheit nie als Destruktion, sondern immer als dialektische Aufhebung verstanden. Der egalitäre Materialismus bringt die Rationalität überhaupt erst existentiell in der gesellschaftlichen Wirklichkeit zur Geltung. Marx war für Marcuse immer der Vollender des idealistischen Projekts, weit entfernt vom »Vernichtungswillen« der »Epigonen«; nur hat er die Nähe Heideggers zum Willen dieser Epigonen vor 1933 nicht erkannt:

> Daß es … in aller geschichtlichen Praxis des Menschen immer um den Menschen selbst geht, das ist für Marx, der noch in der unmittelbaren Auseinandersetzung der lebendigsten deutschen Philosophie aufwächst, eine diskussionslose Selbstverständlichkeit (ebenso wie für seine Epigonen das Gegenteil selbstverständlich geworden zu sein scheint). Noch in Marxens erbittertstem Kampf gegen die verfallende deutsche Philosophie lebt ein philosophischer Impetus, den nur vollendete Ahnungslosigkeit als einen Vernichtungswillen mißverstehen kann.[21]

Von hier aus führt der sachliche Weg Marcuses von Heidegger weg, hin zu Max Horkheimers Kritischer Theorie.

Etwas höhnisch, aber keineswegs zu Unrecht, hat Stefan Breuer festgestellt: »Marcuses ›langer Marsch‹ ist ein Marsch von den Endpunkten des bürgerlichen Denkens zurück zu dessen Anfängen«[22]. Dem wäre nur hinzuzufügen: das ist immer noch besser als der kurze Trip vom »Vernichtungswillen« der »Destrukteure« in den faschistischen Aufbruch zur Eigentlichkeit.

3. Kritische Theorie

Durch Vermittlung Kurt Riezlers, der damals Kurator der Frankfurter Universität und ein Freund Max Horkheimers (wie auch Heideggers) war, kam Marcuse Ende 1932 an das Frankfurter Institut für Sozialforschung. Seine Freiburger Referenz stammte von Husserl, den Marcuse seit seiner Doktorprüfung 1922 kannte und den er während der Arbeit an seinem Hegel-Buch regelmäßig besucht hatte. Vom Frankfurter Institut kannte Marcuse nur den ersten Band der *Zeitschrift für Sozialforschung.*

Das war das einzige, was ich wußte. Ich wollte dringend ans Institut gehen wegen der politischen Situation. Es war ganz klar, Ende 1932, daß ich mich niemals unter dem Nazi-Regime würde habilitieren können. Und das Institut hatte damals schon Vorbereitungen getroffen zu emigrieren, mit der Bibliothek usw. ... Ich war Ende 1932 in Frankfurt, habe aber nur Leo Löwenthal getroffen, nicht Horkheimer, und Löwenthal hat dann sozusagen die Vermittlerrolle gespielt zwischen mir und Horkheimer.[1]

1933 flieht Marcuse über Zürich nach Genf. Erst an der dortigen Zweigstelle des Instituts lernt er Max Horkheimer kennen, dessen intellektuelles Charisma ihn nicht weniger beeindruckt als Jahre zuvor das von Martin Heidegger. Genf ist eine Durchgangsstation. Nur ein paar Brocken Englisch sprechend kommt Marcuse zusammen mit seiner Familie am Unabhängigkeitstag des Jahres 1934 in New York an. Er beantragt sofort die Naturalisierung. Das, was wir heute als Frankfurter Schule kennen, entsteht in den folgenden Jahren in New York; sie hat als enger Zusammenhang einer wissenschaftlichen Schule nur in diesen Jahren an der amerikanischen Ostküste in Manhattan existiert. Es sind die Jahre, in denen sich das Schicksal von Marcuses intellektueller Entwicklung entscheidet. Im Rückblick nennt er neben der prägenden Kraft des Institutsdirektors Horkheimer vor allem den engen interdisziplinären Forschungszusammenhang und die zeitdiagnostische Richtung und Sensibilität der Kritischen Theorie, die sie vor vielen politischen Irrtümern und Illusionen anderer marxistischer Strömungen der Gegenwart bewahrt hat, von den nicht-marxistischen ganz zu schweigen. Der theoretisch »interessanteste Beitrag« war für Marcuse immer der »Versuch, die Frage zu beantworten«, um die auch seine eigene spätere Freud-Interpretation in *Triebstruktur und Gesellschaft* von 1955 kreist:

Was genau ist in der Entwicklung der westlichen Zivilisation falsch gelaufen, so daß wir auf der Höhe des technischen Fortschritts die Negation des humanen Fortschritts erleben: Entmenschlichung, Brutalisierung, die Wiederkehr der Folter als ›normales‹ Mittel des Verhörs, die destruktive Entwicklung der Kernkraft, die Vergiftung der Biosphäre und so weiter? Wie konnte es dazu kommen? Um dieser Frage näher zu kommen, sind wir in die Sozial- und Geistesgeschichte zurückgegangen, haben wir versucht, das Zusammenspiel progressiver und regressiver Kategorien in der Geschichte des westlichen Denkens zu begreifen, insbesondere in der Aufklärung, die gewöhnlich für eine der progressivsten Tendenzen der Geschichte gilt. Wir haben versucht, diese augenscheinlich unauflösliche Verschmelzung befreiender und unterdrückender Tendenzen zu verstehen.[2]

Das Interesse dieses Unternehmens war bestimmt durch die progressiven Tendenzen der Aufklärung: den Augenschein der Unauflöslichkeit von Fortschritt und Rückschritt zu durchbrechen und wenigstens in der Theorie die Möglichkeiten freizulegen, die es immer noch gibt, das, was »in der Entwicklung der westlichen Zivilisation« in einem dramatischen Sinne »falsch gelaufen ist«, mit den Mitteln dieser Zivilisation zu verändern, mit Bewußtsein, aktiv, in gemeinsamer Praxis.

Anders als Adorno und Horkheimer hat Marcuse sich rasch in die Vereinigten Staaten und ihre Kultur assimiliert. »Das Ende« der frühen Kritischen Theorie, des New Yorker Instituts und der Zeitschrift Anfang der vierziger Jahre »war, daß sich weder Horkheimer noch Adorno, um die beiden Hauptfiguren zu nennen, jemals mit dem amerikanischen Wissenschaftsbetrieb wirklich befreunden konnten. Das war für sie alles mehr oder weniger Positivismus, Psychologismus usw.«[3] Adornos unüberbrückbare Distanz erhellt schlagend sein späterer Bericht über »Wissenschaftliche Erfahrungen in Amerika« – ebenso wie umgekehrt das Vorwort zur ersten amerikanischen Auflage von *Vernunft und Revolution* Marcuses Integration, seine auch positive Identifikation mit der »Neuen Welt«. So schreibt Adorno: »Daß ich, vom ersten bis zum letzten Tag, mich als Europäer empfand, habe ich nie verleugnet. An der geistigen Kontinuität festzuhalten, war mir selbstverständlich und artikulierte sich mir in Amerika rasch genug zu vollem Bewußtsein. Ich erinnere mich noch des Schocks, den mir eine Emigrantin wie wir in der New Yorker Anfangszeit bereitete, als sie, Tochter aus sogenanntem guten Hause, erklärte: ›Früher ist man ins philharmonische Konzert gegangen, jetzt geht man ins Radio City‹. In nichts mochte ich es ihr gleichtun«[4].

Ganz anders Marcuse in jenem New Yorker Vorwort vom März 1941 zu seinem zweiten Buch über Hegel, *Vernunft und Revolution – Hegel und die Entstehung der Gesellschaftstheorie*:

Hegel verfügt über eine strenge Einsicht in den Schauplatz fortschrittlicher Ideen und Bewegungen. Er wies dem amerikanischen rationalen Geiste eine entscheidende Rolle im Kampf um eine angemessene Lebensordnung zu und sprach von dem künftigen Sieg und der äußerst ›lebendigen Vernünftigkeit‹ der amerikanischen Nation. Indem er weit besser als seine Kritiker die Kräfte, von denen Freiheit und Vernunft bedroht wurden, wahrnahm und erkannte, daß diese Kräfte mit dem sozialen System zusammenhingen, das Europa erhalten hatte, blickte er einmal von jenem Kontinent herüber zu diesem als dem einzigen ›Land der Zukunft‹.[5]

Nicht zuletzt dieser immer etwas altmodische europäische Charme war es, der Marcuse in den sechziger Jahren so rasch die Herzen der amerikanischen Studenten erobern ließ.

Neben den bedeutenden Beiträgen zur Philosophiegeschichte und zur Theorie der Kultur, über deren affirmativen Charakter und über Autorität und Familie ist der Aufsatz über das Verhältnis von »Philosophie und kritischer Theorie« von 1937 Marcuses wichtigster Anteil am Programm der frühen Kritischen Theorie[6]. Als Ergänzung zu Horkheimers programmatischem Text über »Traditionelle und kritische Theorie« verfaßt, veranlaßte er diesen zu einer wichtigen Korrektur des dort entwickelten kategorialen Rahmens der Gesellschaftstheorie[7]. Deutlich stärker als Horkheimer und zum Teil mit umgekehrtem Akzent betont Marcuse die normative Bedeutung des philosophischen Begriffs der Vernunft. Er ist »die Grundkategorie des philosophischen Denkens, die einzige, wodurch es sich mit dem Schicksal der Menschen verbunden hält«. Der Sinn dieses Begriffs ist universell, er war schon immer auf die Teilhabe aller Menschen am rationalen Vermögen angelegt; auch dort, wo der politische Inhalt der Philosophie dem widersprach, war er in seiner Form an den gleichen Rechten aller auf individuelle Selbstverwirklichung orientiert. Vernunft bedeutet Autonomie, Freiheit von unbeherrschten und unbegriffenen Mächten. Sie setzt Tradition und Autorität unter Rechtfertigungsdruck, an die Stelle fremder Determination setzt und postuliert sie die Konstruktion der Geschichte aus eigener Kraft derer, die sie machen. Deshalb ist die Philosophie »schon durch den einzigen Begriff der Vernunft« »mehr als Ideologie«; »gerade ... insofern sie wirklich idealistisch ist, ... ist sie richtiges Bewußtsein«:

Daß der Mensch ein vernünftiges Wesen ist, daß dieses Wesen Freiheit erfordert, daß Glückseligkeit sein höchstes Gut ist: all das sind Allgemeinheiten, die eben durch ihre Allgemeinheit eine vorwärtstreibende Kraft sind. Die Allgemeinheit gibt ihnen einen beinahe umstürzlerischen Anspruch: nicht nur dieser oder jener, sondern alle sollen vernünftig, frei, glückselig sein.[8]

Die Gesellschaftstheorie soll den Wahrheitsgehalt der Philosophie einlösen. Sie setzt aber im Unterschied zur letzteren »kein ewiges Bewußtsein voraus, das das individuelle Bewußtsein der geschichtlichen Subjekte transzendental konstitutierte«. Auch geht es der Kritischen Theorie nicht um die Verwirklichung von »Idealen« oder um die Planung einer abstrakten Utopie: »Die Theorie der Gesellschaft ist ein ökonomisches, kein philosophisches System«. Die Kritische Theorie sieht den Fortschritt von der Philosophie zur Wissenschaft. Den kritischen Anspruch der Philosophie, den sie gegen einen realitätsgerechten wissenschaftlichen Positivismus allerdings verbissen verteidigt, will sie ihrem Gegenstand, der Gesellschaft, den Menschen und ihrer endlichen Vernunft abgewinnen. Als kritische Wissenschaft ist sie eine »theoretische Nachkonstruktion des gesellschaftlichen Prozesses«. Nur deshalb kann sie Wissenschaft sein und doch am Vernunftanspruch der Philosophie festhalten, weil sie ihre »konstruktiven Begriffe« und »Zielsetzungen immer nur aus den vorhandenen Tendenzen« der »gegebenen Wirklichkeit« abzuleiten versucht[9].

Das ist eine anspruchsvolle und schwierige Aufgabe. Wie kann die Vernunft, die die Wirklichkeit überschreitet, in der Gesellschaft selbst erkannt werden? Welche Chancen für eine bessere Verwirklichung der Vernunft stecken in den »materiellen Daseinsverhältnissen«[10]?

In den New Yorker dreißiger Jahren stellt sich Marcuse dieses Problem unter drei theoretischen Gesichtspunkten:
– unter dem orthodoxen Gesichtspunkt der *technischen Möglichkeiten* moderner Gesellschaften. Das marxistische Stichwort »Produktivkräfte« ist aber, zumal in Amerika, kaum noch eine Parole für den Einsatz derjenigen Kräfte, die die gesellschaftlichen Produktionsverhältnisse ändern könnten. Das scheint einen Rückgang auf
– die *Produktivkräfte des phantasierenden Subjekts* nahezulegen. Durch eine Verbindung mit der Kategorie des Glücks könnten die technischen Möglichkeiten ihre Abstraktion verlieren und zu individuellen Bedürfnissen werden. Diesen romantischen Gesichtspunkt ergänzt Marcuse durch einen dritten,
– den praxisphilosophischen Versuch, im Begriff einer gemeinsamen *sozialen Welt* das abstrakte Subjekt und die monadische Isolierung des idealistisch konstituierten Individuums zu überwinden. Der Begriff des »wahren Interesses« »freier Individuen« soll die utopische Sehnsucht nach Glück und Erfüllung bestimmen und der Phantasie Grenzen des »allgemeinen Gesetzes« ziehen.

1. Der erste Gesichtspunkt ist klassischer Historischer Materialismus. Die »gefesselten« Produktivkräfte sollen,

indem sie wachsen, die Hülle der Produktionsverhältnisse sprengen und die Mutation zu einer neuen Gesellschaftsform erzwingen. Aber Marcuse gibt eine originelle Deutung dieses Gedankens, indem er ihn in die richtige philosophische Perspektive rückt. Welche Rolle spielt die ungeheure Steigerung der technischen Möglichkeiten im letzten Jahrhundert für den Begriff der Rationalität? – Sie scheint eine tiefgreifende Änderung von dessen Bedeutung immer unabweisbarer werden zu lassen. Erstmals in der Geschichte ist eine Vermittlung von materieller und geistiger Kultur zu einer vorstellbaren, realistisch greifbaren Möglichkeit geworden. Sie taucht die auf Hegel zurückgehende Idee einer Darstellung der Vernunft im »gegliederten Bau« der wirklichen Welt in ein neues, radikal materialistisches Licht. Das ist die Idee einer Veräußerlichung der Freiheit, einer Entfesselung des im »einheimischen Reich des Geistes« (Hegel) verinnerlichten Reichtums der Vernunft in die »materiellen Verhältnisse der äußeren Welt«[11]. Der alte Traum der Philosophen vom »Aufbau einer gemeinsamen Welt« nach dem »Gesetze der Vernunft« war ja in der Weltgeschichte immer nur im Bewußtsein, im »bloßen Denken« und um den Preis einer »Opferung des Individuums« vorstellbar gewesen. Die philosophische Pointe in Marx' Begriff der Produktivkräfte ist die Aufhebung dieser asketischen Utopie. Die modernen technischen Möglichkeiten scheinen nicht länger das Opfer des Individuums zu erzwingen, vielmehr im Gegenteil erstmals eine konstitutive Integration der »empirischen Mannigfaltigkeit seiner Bedürfnisse und Fähigkeiten« in die »Gesetze der Vernunft«[12]: Freiheit als Selbst-Bestimmung der Bedürfnisse, nicht als abgespaltenes, den Bedürfnissen abgepreßtes, zeitloses Bewußtsein.

Von dieser auf den philosophischen Begriff gebrachten Version marxistischer Orthodoxie hat Marcuse sich sein Leben lang leiten lassen. Helmut Dubiel berichtet von einem Gespräch kurz vor seinem Tod im Sommer 1979: »Wenige Wochen vor seinem Tod habe ich ihn gefragt, womit er sich – gesetzt den Fall, er sei ein halbes Jahrhundert jünger – unter den gegebenen Zeitumständen beschäftigen würde. Er reagierte auf diese Frage in einer Weise, die ich bei ihm noch nicht kennengelernt hatte, nämlich mit Unverständnis und spöttischer Ungeduld. Er sagte, zum erstenmal in der Geschichte der Gattung hätte die technische Entwicklung ein Niveau erreicht, das ein Leben ohne physische Not und entfremdete Arbeit, ein Leben in Würde und Freiheit für alle Mitglieder der menschlichen Gesellschaft objektiv möglich macht. Zugleich sei die Politik in der Ersten und der Zweiten Welt darauf konzentriert, durch immer umfassendere autoritäre Kontrollen die Menschen davon abzuhalten, diese weltgeschichtliche Chance zu erkennen und praktisch zu ergreifen. Er wisse gar nicht, worüber man sonst arbeiten solle, wenn nicht über diesen ungeheuerlichen Widerspruch«[13].

Die materialistische Transformation des Vernunftbegriffs bliebe freilich abstrakt, eine bloß objektive Möglichkeit, ohne »das besondere Interesse« einer Klasse, die den »allgemeinen Fortschritt in der Geschichte zustande« bringen könnte[14], und deren revolutionäres Bewußtsein: »das Bewußtmachen der Möglichkeiten, zu denen die geschichtliche Situation selbst herangereift ist«[15]. Doch die orthodoxe Revolutionstheorie war Marcuse und seinen Freunden schon in den dreißiger Jahren fragwürdig geworden. An ihre Stelle ist Anfang der vierziger Jahre endgültig die These von der Integration des Proletariats getreten. Dann aber wird das theoretische Kriterium, das den materialistischen Wahrheitsgehalt der Vernunft begründen sollte, selbst abstrakt, eine unbestimmte objektive Möglichkeit, die durch kein besonderes Interesse, das »das Individuum zur Leidenschaft des geschichtlichen Kampfes« treibt[16], mehr vermittelt werden kann.

2. Genau an dieser Stelle kommt der zweite, romantische Gesichtspunkt ins Spiel: die »Sorge um das Glück der Menschen«[17]. Mit Marx und Freud wird der philosophische Begriff der Glückseligkeit auf individuelle Interessen und Bedürfnisse bezogen. Die Ansprüche der wirklichen Menschen auf Glück und Erfüllung werden zum Kriterium einer in die Freiheit der äußeren Daseinsverhältnisse entlassenen Vernunft. Alle bisherige Philosophie hatte stets das Opfer des individuellen Glücks im Interesse des Allgemeinen gefordert; jedenfalls der Hauptstrom des europäischen Denkens hat immer jenen inneren Zusammenhang von Rationalität und Askese hervorgehoben und ausdrücklich gerechtfertigt, in dem Max Weber die Antriebskraft des okzidentalen Rationalisierungsprozesses glaubte erkannt zu haben. Angesichts des geschichtlichen Fortschritts zur modernen Industriegesellschaft aber scheint sich der unversöhnliche Gegensatz von Vernunft und Glück zumindest zu relativieren, und an diesem bloß historischen Gegensatz werden die Züge erkennbar, die immer schon repressiv waren: Formen »überschüssiger Unterdrückung« (»surplus repression«), die nicht aus der Not aller Gesellschaftsmitglieder gerechtfertigt werden konnten, sondern nur im partikularen Interesse der Wenigen gegen die Vielen, im Interesse der Herrschaft »notwendig« waren[18]. Wenn sich aber die geschichtliche Konstellation von Vernunft und Glück durch die Fortschritte

der Naturbeherrschung tiefgreifend gewandelt hat, dann scheinen die neuen geschichtlichen Möglichkeiten die Philosophie zu einer Revision ihres überlieferten Vernunftbegriffs zu zwingen. In diesem Revisionsverfahren plädiert die Kritische Theorie angesichts jener technischen Möglichkeiten des modernen Gesellschaftssystems für eine Rehabilitierung der Phantasie. Es ist aber nicht nur der Umstand, daß die Entwicklung der Produktivkräfte heute ein Ausmaß angenommen hat, das aus der Perspektive jeder vormodernen Gesellschaft im schlechtesten Sinne eine leere Utopie sein mußte: zu phantastisch, um wahr zu sein, eine vernunftlose Phantasie. Marcuse hat auch ein philosophie-internes Motiv für die Rehabilitierung der letzteren: Ohne die Kraft der Phantasie, ohne Imagination ist auch Vernunft als Freiheit, als Autonomie und Unabhängigkeit von Vorgegebenheiten kaum vorstellbar. Denn um »in der Gegenwart das noch nicht Gegenwärtige als Ziel festzuhalten, bedarf es der Phantasie«. Ohne sie wäre eine rationale Projektion von Zwecken unmöglich:

> Daß Phantasie etwas Wesentliches mit Philosophie zu tun hat, geht schon aus der Funktion hervor, welche ihr unter dem Titel ›Einbildungskraft‹ von den Philosophen zugewiesen wurde, besonders von Aristoteles und Kant. Kraft ihrer einzigartigen Fähigkeit, einen Gegenstand auch ohne dessen Vorhandensein ›anzuschauen‹, auf Grund des gegebenen Materials der Erkenntnis doch etwas Neues zu schaffen, bezeichnet die Einbildungskraft einen hohen Grad der Unabhängigkeit vom Gegebenen, der Freiheit inmitten einer Welt von Unfreiheit. Im Hinausgehen über das Vorhandene kann sie die Zukunft vorwegnehmen.[19]

Dieses frühromantische, an der kognitiven Funktion des Ästhetischen abgelesene Motiv hat Adorno später zu einer Frage zugespitzt, die das Programm zu einer ästhetischen

Transformation der Transzendentalphilosophie entwirft: »Wie ist ein Neues überhaupt möglich?«[20]

Marcuse hat eine doppelte Rehabilitierung der Phantasie im Auge. Begrifflich geht es ihm um deren kognitive Rolle für die Bedeutung von »Freiheit« und »Autonomie«, empirisch geht es um die neuen, »phantastischen« Möglichkeiten der industriellen Zivilisation. Es geht also nicht um die abstrakte Utopie einer bloßen, unbestimmten technischen Möglichkeit, es geht der Kritischen Theorie gerade um die Bestimmung dieser technischen Möglichkeit durch den Begriff der Freiheit: die konkreten, geschichtlichen Potentiale individueller Autonomie (Selbst-Bestimmung). Die im marxistisch rehabilitierten Begriff der Imagination projektierte, innere Verweisung von Technik, Geschichte und Freiheit (Vernunft) aufeinander soll philosophisch den Abstieg des Imaginativen aus der dünnen Luft des transzendentalen Apriori in die veränderliche soziale Wirklichkeit vorbereiten. Denn in eben dieser Einschränkung der Einbildungskraft auf das Apriori steckt ein latenter Konservatismus: die Ablenkung von »der Zukunft auf das immer schon Vergangene«[21].

Ohne die innovativen Kräfte des Imaginativen würde die Autonomie der Vernunft an der Heteronomie des Bestehenden kleben bleiben, sie wäre noch nicht einmal ein Traum; und die technischen Mittel der modernen Gesellschaft haben die phantastischen Möglichkeiten der Vergangenheit, von denen kaum je einer zu träumen wagte, in rationale Pläne verwandelt. Wenn Phantasie und Rationalität so zusammenhängen, stellt sich auch die alte Frage nach der Objektivität des Glücks neu. Schon in dem Essay »Zur Kritik des Hedonismus« stellt sich Marcuse die Frage, auf die seine spätere Freud-Interpretation zurückkommt, ob nicht schon der Begriff des Glücks von sich aus über dessen »Zufälligkeit« hinaus auf »Wahrheit« und »richtige Erkenntnis« verweise. Er hat zwei Argumente, ein positives, das auf einer Ähnlichkeit von Glücks- und Wahrheitsansprüchen beruht, und ein negatives, indirektes. Einmal steckt in unserem Verlangen nach Glück ein »immanenter Anspruch auf Steigerung und Dauer«[22]. Alle Lust will, mit Goethe, Nietzsche und Freud, Ewigkeit. Vor allem in *Triebstruktur und Gesellschaft* entwickelt Marcuse dieses Argument. In ihrer raum-zeitlichen Entgrenzung zielen, so scheint es, Glücksansprüche nicht anders als Wahrheitsansprüche auf ein Unbedingtes (Allgemeinheit und Notwendigkeit). Zweitens versucht Marcuse indirekt, mit einem Argument, das auf die Bedingungen der Möglichkeit menschlichen Glücks zurückgeht, plausibel zu machen, daß ohne einen Begriff richtiger Erkenntnis auch der Begriff des Glücks sinnlos wird. Wenn nämlich die Situation, in der die Menschen leben, sich ganz ihrer Kontrolle entzöge, könnten sie auch nicht glücklich werden. Mag sein, daß jeder seines Glückes Schmied ist, aber dann sind Hammer und Amboß, ist die rationale Verfügung über Mittel und Wege eine unabdingbare Voraussetzung des Glücks. Diese Kontrolle der Situation ist das Ziel richtiger Erkenntnis: »Die Freiheit der Erkenntnis ist ein Teil der wirklichen Freiheit, die nur mit der gemeinsamen Entscheidung und Befolgung des als wahr Erkannten zusammengehen kann«. Mit der Preisgabe solcher pragmatisch bestimmten, »richtigen Erkenntnis ginge auch das Glück verloren, und die Notwendigkeit einer unkontrollierten Situation gewönne wieder ihre zufällige Macht über die Menschen«[23]. Wenigstens ein Minimum an Autonomie muß erfüllt sein, damit wir unser Interesse, glücklich zu sein, überhaupt mit Aussicht auf Erfolg anmelden können. Zum Glück gehört die Fähigkeit, die Situation, in der wir leben, im Interesse unserer Glücksansprüche zu manipulieren. Am Erfolg solcher Manipulationen bestätigt sich pragmatisch die Richtigkeit von Erkenntnissen, erweist sich die Freiheit der Erkenntnis als Teil der wirklichen Freiheit.

Die »wesentliche Rolle«, die dergestalt die »Wahrheit für das Glück« spielt, scheint der schroffen Abspaltung der materiellen Kultur von der geistigen zu widersprechen. Die Trennung und Vereinseitigung der Sphären zu einem starren Gegensatz ist bloß historisch, und sie ist überdies ideologisch, eine affirmative Verklärung des Ganzen im Glanz sublimierter Lüste auf Seiten der höheren Kultur, nach der Seite der niederen, materiellen aber die Abwertung der weniger sublimen Genüsse und die restriktive »Bestimmung des Glücks als Lust und Genuß«. Eine von solch falschen Abstraktionen und metaphysischen Dichotomien befreite Erkenntnis hingegen »wird die Lust nicht mehr stören; vielleicht kann sie sogar selbst zur Lust werden«, denn in »dem Schreckbild des entfesselten Genußmenschen … steckt noch die Trennung der geistigen Produktivkräfte von den materiellen«. Wenn aber der »Betrieb von Technik, Wissenschaft und Kunst« eines möglichen Tages nicht mehr »unter dem Zwang eines mit dem Unglück der meisten verbundenen Produktionssystems und den Erfordernissen der Rationalisierung, Verinnerlichung und Sublimierung« stehen wird, »kann der Geist nur eine Steigerung des Glücks bedeuten«. Wenn die Kultur »nicht mehr unter dem Zwang der Verinnerlichung« steht, »dann wird es sinnlos, das Glück auf die sinnliche Lust zu beschränken«[24].

Befreit von dem Zwang zur Askese könnten die produktiven Kräfte der abgespaltenen intellektuellen Kultur in der materiellen, im »empirischen Leben«, als eine nichtrepressive »Macht der Vereinigung« (Hegel) wirksam werden. In den fünfziger Jahren gibt Marcuse dieser Utopie den Titel einer »nicht-repressiven Sublimierung«[25]. Sie würde gerade den von den bürgerlichen Freiheitsbewegungen immer idealistisch verfemten Egoismus nicht länger verdrängen und ausschließen[26]. Auch wäre sie das Gegenteil von Regression, nicht Einheit, Ursprung, Unmittelbarkeit, sondern »die gesteigerte Differenzierung der Lust«. Wenn sie endlich in ihrem eigenen Namen auftreten könnten, würden sogar die egoistischen, zerstörerischen und sadistischen Antriebe ihre sozial desintegrierende Macht über die Menschen verlieren.

Manche Triebe und Bedürfnisse werden erst falsch und zerstörend durch die falschen Formen, in die ihre Befriedigung geleitet wird, während die erreichte Stufe der objektiven Entwicklung ihre wahre Befriedigung zuließe – wahr, weil sie sich in dem erfüllen könnten, was sie ursprünglich intendierten: ›unvermischte‹ Lust. Es ist die verdrängte Grausamkeit, die zum sadistischen Terror, und die verdrängte Selbstaufgabe, die zur masochistischen Unterwerfung führt. In ihrer eigentlichen Intention belassen, als Weisen des Sexualtriebs, können sie in der gesteigerten Lust nicht nur des Subjekts, sondern auch des Objekts enden. Sie sind nicht mehr mit der Vernichtung verbunden. Aber gerade die gesteigerte Differenzierung der Lust ist untragbar in einer Gesellschaft, welche eben der verdrängten Form der Befriedigung solcher Bedürfnisse bedarf. Die gesteigerte Lust wäre unmittelbar gesteigerte Befreiung des Individuums: sie verlangte Freiheit in der Wahl des Objekts, in der Erkenntnis und in der Verwirklichung seiner Möglichkeiten, Freiheit der Zeit und des Ortes. Alle diese Forderungen verstoßen gegen das Lebensgesetz der bestehenden Gesellschaft.[27]

Die von Marcuse energisch betriebene Rehabilitierung der Phantasie soll die Möglichkeit zu einer eigenwilligen immanenten Kritik der technologischen Rationalität offenhalten, einer Kritik, die aus den Bahnen dieser Rationalität nicht einfach ausschert. Die Phantasie soll die technische Vernunft, in einer Formulierung aus den sechziger Jahren, in eine »Technik der Befreiung« umwandeln[28]. Diese Umwandlung aber zieht auch der utopischen Phantasie Grenzen, keine transzendentalen oder anthropologischen, sondern technische.

Wenn die Phantasie, unter genauer Verweisung auf das heute schon gegebene technische Material, für die Beantwortung der von Kant angeführten philosophischen Grundfragen freigelassen würde: alle Soziologie würde vor dem utopischen Charakter ihrer Antworten erschrecken. Und doch wären die Antworten, welche die Phantasie geben könnte, der Wahrheit sehr nahe, näher jedenfalls als jene, die durch die streng begrifflichen Analysen der philosophischen Anthropologie zustande gekommen sind. Denn was der Mensch ist, würde sie aus dem bestimmen, was er morgen wirklich sein kann. Bei der Frage: was darf ich hoffen? würde sie weniger auf eine ewige Seligkeit und eine innere Freiheit hinweisen als auf die schon jetzt mögliche Entfaltung und Erfüllung der Bedürfnisse.[29]

Die Soziologie, von der Marcuse hier behauptet, sie würde angesichts solcher Freiheit erschrecken, ist übrigens damals, Mitte der dreißiger Jahre, für Marcuse noch nicht die damalige amerikanische, die er kaum kannte, sondern die an der philosophischen Anthropologie orientierte deutsche, geisteswissenschaftliche Soziologie eines Hans Freyer oder Arnold Gehlen, mit der Marcuse vertraut war. Wenn man nämlich amerikanische Sozialwissenschaftler aus der ersten Hälfte dieses Jahrhunderts wie George Herbert Mead oder John Dewey liest, kann man schnell feststellen, daß für diese Theoretiker ein soziologisches Forschungsprogramm, wie es Marcuse vorschwebt, gar nicht so utopisch wäre. Anders als die philosophische Anthropologie, die an der Universität der deutschen Mandarine so beliebt war, sind diese Theoretiker des amerikanischen Pragmatismus an einem Forschungsprogramm interessiert, das die Potentiale der soziologischen Phantasie[30] ausschöpft, indem es versucht, die technischen Möglichkeiten der modernen Gesellschaft auf den Begriff einer freien und befreiten Kultur zu bringen. Es ist sicher kein Zufall, daß diese westliche Soziologie zusammen mit dem Werk Herbert Marcuses im deutschen akademischen Milieu erst seit Ende der fünfziger Jahre allmählich wirksam werden konnte und daß solche Sozialwissenschaft heute, da der Zeitgeist wieder konservativer weht, zugunsten von philosophischer Anthropologie und Geisteswissenschaft erneut zurückgedrängt wird.

3. Marcuse denkt immer in den Bahnen philosophischer Klassiker, und in der Theorie der Gesellschaft haben Plato und Aristoteles, Kant und Rousseau die Weichen gestellt. Aber seine Studien bei Husserl und Heidegger, das intensive Interesse an Hegel und Marx, nicht zuletzt der Einfluß des frühen Horkheimer haben ihn über die Grenzen dieser Philosophie belehrt. Die Kritische Theorie hat die solipsistischen Wege der Subjektphilosophie verlassen und das Ziel zeitenthobener, ewiger Wahrheit aus den Augen verloren. An die Stelle transzendental vereinsamter und verewigter Subjektivität, an die Stelle eines von der Welt isolierten Bewußtseins, das seine Gegenstände in spontanen Akten reinen Denkens zu erkennbaren Einheiten zusammenschweißt, sind längst andere Grundbegriffe getreten: »objektiver Geist« (Hegel), zuallererst natürlich »gesellschaftliche Praxis« (Marx), aber ebenso »geschichtliche

Wirklichkeit« (Dilthey), das »In-der-Welt-Sein« (Heidegger), »Lebenswelt« (Husserl). Diese Begrifflichkeit wird weder von Marcuse, dem sie am vertrautesten ist, noch von einem anderen Aktivisten der frühen Frankfurter Schule systematisch weiterentwickelt, aber die Theoretiker des Negativen wissen sie sehr wohl zur Kritik des bürgerlichen Bewußtseins und seiner Theorien zu nutzen. In der Philosophie des Bürgertums erscheint »das emanzipierte ... Individuum ... nur als abstraktes Subjekt. ... Schon in den Ansatz seines Denkens hat es die monadische Isolierung des bürgerlichen Individuums hineingenommen«. Zwar ist das Konstruktionsprinzip dieses Subjekts universalistisch, aber seine Konstitution ist »vor allem faktischen Handeln des Individuums immer schon geleistet«. Deshalb bleibt der bürgerliche Universalismus politisch konservativ und philosophisch abstrakt:

> Alle Bestrebungen, von dem so verstandenen Subjekt aus eine intersubjektive Welt zu konstruieren, blieben fragwürdig. Das andere Ich konnte immer nur abstrakt mit dem Ego verbunden werden: es blieb ein Problem der reinen Erkenntnis oder der reinen Ethik.[31]

Entsprechend kommen Intersubjektivitätskategorien beim Versuch ins Spiel, die kritische Intuition einer zwanglosen Vereinigung der besonderen Interessen der Einzelnen mit dem wahren Interesse aller so zu explizieren, daß die »Differenz zwischen besonderem und wahrem Interesse« gleichwohl gewahrt bleibt. Nur so kann der utopische Horizont jener kritischen Intuition, die Idee einer zwanglosen Vereinigung, selbst noch kritisch in ihren Grenzen bestimmt und von der bloß zwanghaften Harmonisierung aller Differenzen unterschieden werden.

Dies Utopia wäre kein Zustand ewigen Glücks. Die ›natürliche‹ Individualität des Menschen ist ebenso eine Quelle seines natürlichen Leidens. Wenn die menschlichen Verhältnisse tatsächlich menschliche sind, wenn sie befreit werden von allen fremden Maßstäben, auch dann noch werden sie durchdrungen sein von der Trauer über ihren je einzelnen Gehalt. Sie sind vergänglich und unwiederholbar, und ihr vergänglicher Charakter wird deutlicher hervortreten, wenn die Sorge für das menschliche Wesen nicht länger vermischt ist mit der Angst um seine materielle Existenz und überschattet vom Schrecken der Armut, des Hungers und der gesellschaftlichen Isolation.[32]

Um diesen Unterschied und jene kritische Intuition zu explizieren, muß Marcuse auf die Begriffe des »vernünftigen Entscheids freier Individuen« und »mündig gewordener Menschen«, auf das Sich-zu-sich- und Sich-zu-anderen-verhalten und auf »gegenseitiges Verstehen« ebenso wie auf die Idee einer institutionellen Struktur, die das »wahre Interesse« durch ein »allgemeines Gesetz« vertritt, zurückgreifen.

Eine vernünftige Gesellschaft würde die Aufhebung des »Zwangs zur Verdrängung«, »der Ungerechtigkeit«, des »Schmutzes« und des »Elends« bedeuten.

Aber nichts schließt aus, daß es auch dann noch Kranke, Verrückte und Verbrecher geben wird. Das Reich der Notwendigkeit bleibt bestehen, die Auseinandersetzung mit der Natur und unter den Menschen selbst geht weiter. So wird auch die Reproduktion des Ganzen weiterhin mit Entbehrungen des einzelnen verbunden sein; das besondere Interesse wird nicht unmittelbar mit dem wahren Interesse zusammenfallen. Die Differenz zwischen besonderem und wahrem Interesse ist jedoch etwas anderes als die Differenz zwischen dem besonderen Interesse und dem Interesse einer verselbständigten, die Individuen unterdrükkenden Allgemeinheit.[33]

Frei ist eine Gesellschaft in dem Maße, in dem sich in ihr die wahren Interessen aller bilden können. Aber das wahre Allgemeine ist nicht die spannungslose Harmonie mit dem Besonderen oder gar die falsche Utopie einer Verschmelzung aller widerstreitenden Interessen zu differenzloser Einheit.

4. Vernunft und Revolution

Schon in seiner Habilitationsschrift hatte Marcuse sich auf eine hegelmarxistische Linie zubewegt, die das 1941 in Amerika erscheinende Buch *Reason and Revolution* (*Vernunft und Revolution*) fortsetzt und zu einem der wichtigsten marxistischen Beiträge zum Thema Hegel ausführt. Der existentialistische Hegelianismus der frühen dreißiger Jahre trifft sich mit dem marxistischen der vierziger Jahre in der Grundidee einer geschichtlich situierten Dialektik ohne absoluten Geist. Entsprechend verschieben sich in Marcuses erstem Hegel-Buch die Akzente von »Geist« auf »Leben«, vom »absoluten« zum »objektiven Geist«, und in der Interpretation der *Phänomenologie des Geistes* rücken die Kategorien der Arbeit, der Anerkennung und des »Tuns Aller und Jeder« in den Vordergrund. Das Leben des Geistes ist die alle Realität übergreifende »konkrete Totalität«, und die reflexive Selbstbeziehung des Gedankens wurzelt im »Sich-verhalten« von Lebendigem[1]. Die »wesentlich ungeschichtliche Leitidee des wissenden Ich« tritt hinter die »wesentlich geschichtliche Leitidee des Lebens« zurück[2]. Das spekulative Haupt der Dialektik wird abgeschlagen, um mit der Idee einer streng »immanenten Transzendenz« ernst zu machen. Zum Leitfaden der Dialektik werden die geschichtlich dynamisierten Kategorien der Entäußerung und Entfremdung, der Gegenständlichkeit und Vergegenständlichung, der »Begierde nach dem Seienden«.

Das Ich muß in seiner Begierde durch den nur eigenständigen

Gegenstand hindurchstoßen auf ein anderes Selbstbewußtsein, auf das dieser Gegenstand verweist. ... Die Einigung zwischen Ich und Gegenstand fordert die Einigung zwischen Ich und Ich.[3]

Indem Marcuse versucht, Heideggers Begriff des (zeitlich-geschichtlichen) »Geschehens« mit Hegel auf ein zugleich »wirhaftes« und »wissendes« Geschehen hin neu zu interpretieren, gelingen ihm Korrekturen am sozialen und am rationalen Defizit der Existenzphilosophie. Die Hegelsche »Einheit des Gegensatzes ist Einheit verschiedener Ich: ein Wir; aber ein Wir, in dem das Ich nicht aufgegangen, sondern aufgehoben ist« – denn andernfalls wäre »die Einheit keine sich einigende«, also ungeschichtlich, kein Prozeß.

Der Geist, der als einigende Einheit ein Geschehen ist, geschieht als ein verschiedene Ich einigendes Wir, welches wirhafte Geschehen selbst wieder wissendes Geschehen ist.[4]

Als ein solches, sozial und rational vermitteltes »Geschehen« ist das »menschliche Leben« (Heideggers »Dasein«) »sich verwirklichende Wirklichkeit des Geistes«.

Der Abstand dieses ersten zu dem folgenden Hegel-Buch beträgt knapp zehn Jahre, aber schon den Stil trennen Welten. Das erste Buch ist in dem dunklen, esoterischen und expressionistisch aufgeladenen Stil von *Sein und Zeit* verfaßt, das zweite rationalistisch klar und durchsichtig formuliert, fast didaktisch, für seinen äußeren Zweck, Hegel einem amerikanischen Publikum nahe zu bringen, bestens geeignet. Der Titel der noch in Deutschland erschienenen Habilitationsschrift, *Hegels Ontologie und die Theorie der Geschichtlichkeit*, nimmt unzweideutig auf Heidegger Bezug. Der Untertitel von *Reason and Revolution*, »Hegel und die Entstehung der Gesellschaftstheorie«, markiert die Differenz. Die Gesellschaftstheorie entsteht nämlich als ein Werk des Exils aus dem Geist des deutschen Idealismus. Ihr Begründer ist Karl Marx, ein rheinischer Jude aus Trier, der, aus Deutschland verjagt, 1883 im Londoner Exil stirbt. Gut fünfzig Jahre später sehen sich die Begründer der Frankfurter Schule in Manhattans 117. Straße zu Hütern dieses Hegelschen Erbes berufen, und Marcuse kann sein zweites Hegel-Buch »Max Horkheimer und dem Institut für Sozialforschung« widmen.

An Hegel versucht Marcuse sich die Kategorie des Negativen, die für die kritische Gesellschaftstheorie eine so hervorragende Rolle spielt, klar zu machen. Die Theorie ist kritisch, weil sie negativ ist. Dieser Begriff vereinigt in sich mindestens zwei Bedeutungen, die aufeinander verweisen, aber nicht immer deutlich genug auseinander gehalten werden. Methodisch erschließt die Dialektik alle Möglichkeiten der Negation: Sie bestreitet behauptete Sachverhalte und anerkannte Normen und Werte. Der methodische Zweifel gehört zu diesen Leistungen der Negation ebenso wie jede Form der analytisch zergliedernden Verstandestätigkeit, das Auflösungsvermögen des Intellekts. Kritik beginnt immer mit Unterscheidungen; jede Bestimmung des einen Aspekts einer Sache ist eine Negation aller anderen. Aber die Kritik zielt nicht nur auf Begriffe und Geltungsansprüche, sie gilt auch der wirklichen Negativität gesellschaftlicher Verhältnisse, den Folgelasten des Fortschritts, der »Entzweiung« in soziale Klassen, den Verletzungen einseitiger Entwicklungen, den Leiden und Zerstörungen, die aus Formen gesellschaftlicher Differenzierung solche der »Entfremdung« machen. Die berühmte doppelte Negation der Dialektik, die »Negation der Negation«, ist eine solche Negation des Negativen. Nur durch Negationen kann die reale Negativität kritisiert werden. Das ist eine indirekte und reflexive Form der Kritik. So ist beispielsweise die Negation des Selbstverständlichen und Üblichen, die Auflösung fraglos akzeptierter Traditionen eine Voraussetzung dafür, die Negativität solcher Vorgegebenheiten zu erfahren, zu bestimmen und aufzuheben, also die immer nur latent wirksame Gewalt von Ideologien als Repression kenntlich zu machen. Der repressive Charakter einer Norm, ihre Negativität, erschließt sich denen, die sie für einen hohen Wert halten, immer nur auf dem Umweg der Negation eines Normenbewußtseins, das deren Geltung für selbstverständlich hält und sich die Frage nach den Gründen verbietet.

In seiner Hegel-Interpretation arbeitet Marcuse entschieden diesen negativen, kritischen, ja revolutionären Zug der Hegelschen Dialektik, der noch dessen affirmativste Werke zur Philosophie des Staates und der Geschichte durchzieht, heraus.

> Der Kern der Hegelschen Philosophie ist eine Struktur, deren Begriffe – Freiheit, Subjekt, Geist, Begriff – von der Idee der Vernunft abgeleitet sind.[5]

Folglich waren für Hegel die Ideen der Vernunft und der Freiheit Werte, die nicht preisgegeben werden durften – auch nicht dem Staat.

> Er bemüht sich sein Leben hindurch, sie mit der Notwendigkeit der ›Beherrschung und Bezähmung‹ in Einklang zu bringen. Seine Versuche, das Problem zu lösen, sind mannigfaltig, und der endgültige Triumph gehört nicht dem Leviathan, sondern dem Vernunftstaat unter der Herrschaft des Gesetzes.[6]

Wenn Hegel die »Freiheit« als »Einsicht in die Notwendigkeit«[7] definiert hat, dann ist es wichtig, an das zu erinnern, was schon der Heideggerschüler Marcuse immer wieder unterstrichen hatte, daß Einsicht, Wissen und Bewußtsein bei Hegel nicht von der lebendigen Totalität des Geistes abgetrennt, auf bloße Erkenntnis reduziert werden dürfen, und daß »Notwendigkeit« durch Praxis und Geschichte, durch Freiheit und Vernunft vermittelt ist. So muß er später in seinem Buch über den Sowjet-Marxismus nur noch an den ursprünglichen Sinn der Dialektik erinnern, um die Aufnahme der Hegelschen Freiheitsdefinition in den offiziellen »Diamat« ad absurdum zu führen:

Für Hegel ist Freiheit keine ›bloße Einsicht‹ in die Notwendigkeit, sondern begriffene Notwendigkeit, was eine Veränderung in den tatsächlichen Verhältnissen einschließt. ... Der Übergang von der Notwendigkeit zur Freiheit ist der zu einer fundamental anderen Dimension des ›Seins‹, und Hegel nennt ihn den ›härtesten‹ aller dialektischen Übergänge.[8]

Diese typisch linkshegelianische Interpretation ist vor allem dann einleuchtend, wenn man, worum sich Marcuse in *Vernunft und Revolution* bemüht, plausibel machen kann, daß Hegels »negative Philosophie« den schärfsten Gegensatz »zu jeder Form von Positivismus darstellt«:

Sie ist ursprünglich durch die Überzeugung motiviert, daß die gegebenen Tatsachen, die dem gesunden Menschenverstand als der positive Index von Wahrheit erscheinen, in Wirklichkeit die Negation der Wahrheit sind, so daß die Wahrheit nur durch deren Zerstörung herstellt werden kann. Die Triebkraft der dialektischen Methode liegt in dieser kritischen Überzeugung. ... Für Hegel besitzen die Tatsachen in sich selbst keine Autorität. ... Alles, was gegeben ist, muß vor der Vernunft gerechtfertigt werden.[9]

Aus dieser Perspektive kann es Marcuse nicht schwer fallen, Blochs Satz: »Das, was ist, kann nicht wahr sein«, mit

Hegels: »Was wirklich ist, ist vernünftig«, zu verbinden. Denn die geschichtlich situierte Vernunft läßt die verbleibende Unvernunft des Wirklichen, dessen faktische Negativität, nur um so deutlicher hervortreten. Im Lichte der schon verwirklichten und möglich gewordenen Freiheit treten die negativen Züge der bestehenden Unfreiheit in umso schärferen Konturen, zum Widerspruch zugespitzt hervor. *Der eindimensionale Mensch* thematisiert später den gesellschaftlichen Antagonismus als vollendete Negativität des Positiven, die der alte Marcuse in der positivistischen »Umbildung der Idee der Vernunft« zum »totalitären Ganzen technologischer Rationalität« am Werk sieht.

›Das was ist, kann nicht wahr sein‹. Für unsere wohltrainierten Ohren und Augen ist diese Behauptung leichtfertig und lächerlich oder so unerhört wie jene andere, die das Gegenteil zu sagen scheint: ›Was wirklich ist, das ist vernünftig‹. Und doch offenbaren beide, in der Tradition des abendländischen Denkens gesehen, in provokatorisch abgekürzter Form die Idee der Vernunft, von der die Logik jener Tradition sich leiten ließ. ...
In der Gleichung Vernunft = Wahrheit = Wirklichkeit, welche die subjektive und objektive Welt zu einer antagonistischen Einheit verbindet, ist die Vernunft die umstürzende Macht, die ›Macht des Negativen‹, die als theoretische und praktische Vernunft die Wahrheit für die Menschen und Dinge darlegt – das heißt die Bedingungen, unter denen die Menschen und Dinge zu dem werden, was sie wirklich sind.[10]

Wie sehr der marxistische Linkshegelianer Marcuse Hegels »negatives Denken« der im eindimensionalen Universum technologischer Rationalität »besiegten Logik des Protests« zurechnen, wie sehr er die inneren Zusammenhänge von Vernunft und Revolution aufdecken mag, der letzten Endes affirmative Charakter der idealistischen Identitätsphilosophie konnte ihm nicht entgehen. Doch bemüht sich Marcuse zu zeigen, daß gerade dort, wo Hegel vollends affirmativ wird, seine Philosophie in Resignation umschlägt: In dieser kündigt sich das Scheitern des Projekts, die Zeit so in Gedanken zu fassen, daß die Wirklichkeit als vernünftige erwiesen wäre, an. Die Beschränkung der Philosophie auf »die Aufgabe ..., die Menschen mit dem Wirklichen zu ›versöhnen‹«, die Einsicht des späten Hegel, daß eine alt gewordene »Gestalt des Lebens« durch die Philosophie niemals verjüngt werden konnte, zeigen »die Resignation eines Mannes, der weiß, daß das Ende der von ihm dargestellten Wahrheit sich abzeichnet und daß sie die Welt nicht länger beleben kann«[11].

Er machte sich zum Sprecher der wirklichen Macht der Vernunft und der konkreten Verkörperung der Freiheit. Aber er schreckte vor den gesellschaftlichen Kräften zurück, die diese Aufgabe unternommen hatten. Die Französische Revolution hatte erneut gezeigt, daß die moderne Gesellschaft ein System unversöhnlicher Antagonismen war. Hegel erkannte, daß die Beziehungen in der bürgerlichen Gesellschaft infolge der besonderen Arbeitsweise, auf der sie beruhten, niemals völlige Freiheit und völlige Vernunft herbeiführen. In dieser Gesellschaft blieb der Mensch den Gesetzen einer ungebändigten Ökonomie unterworfen und mußte durch einen starken Staat im Zaum gehalten werden, der dazu in der Lage war, es mit den gesellschaftlichen Widersprüchen aufzunehmen. Die endgültige Wahrheit mußte deshalb in einem anderen Bereich der Wirklichkeit gesucht werden. Die politische Philosophie Hegels war durchgehend von dieser Überzeugung beherrscht. Auch die *Logik* trägt den Stempel der Resignation.
Wenn Vernunft und Freiheit die Kriterien des wahren Seins sind und die Wirklichkeit, in der sie sich verkörpern, durch Irrationalität und Knechtschaft beeinträchtigt ist, dann müssen sie wieder in der Idee eine Stätte finden. Erkennen wird so höher bewertet als Handeln. Die Erkenntnis der Philosophie kommt der Wahrheit näher als die gesellschaftliche und politische Praxis.

Obgleich Hegel behauptet, daß die zu seiner Zeit erreichte Stufe der historischen Entwicklung enthülle, daß die Idee sich verwirklicht habe, ›existiert‹ sie als die begriffene Welt, wie sie dem Denken präsent ist, als das ›System der Wissenschaft‹. Diese Erkenntnis ist nicht mehr individuell, sondern hat die ›Würde‹ des ›Allgemeinen‹. Die Menschheit ist der Welt als Vernunft bewußt geworden; sie weiß um die wahren Formen all dessen, was sie zu verwirklichen vermag. Gereinigt von der Schlacke des Daseins, ist dieses System der Wissenschaft die makellose Wahrheit, die absolute Idee.[12]

Ein ganz ähnliches Argument, das Marcuse bereits in seiner Kritik an Jaspers und Heidegger gegen die ontologische Abstraktion der Existenzphilosophie stark gemacht hatte, soll nun den Übergang von Hegel zu Marx begründen. Die »Schlacke des Daseins«, die bloße »materielle Existenz«, das kontingente »empirische Leben« des Proletariats ist die »leibhaftige Negation der Vernunft«[13], die Widerlegung des spekulativen Beweises, das Wirkliche wäre bereits vernünftig.

Was Marcuse an Hegel kritisiert, ist nicht sein überspannter Rationalismus, es ist im Gegenteil die Begrenzung des Hegelschen Rationalismus durch eine am Ende doch im Begriff des »Weltgeistes« und des »Absoluten« irrational bleibende, metaphysische Restdogmatik:

Der Weltgeist ist das hypostasierte Subjekt der Geschichte, er ist ein metaphysisches Surrogat für das wirkliche Subjekt, der unerforschliche Gott einer enttäuschten Menschheit, verborgen und schrecklich wie der Gott der Calvinisten.[14]

Genau dies hatte Marcuse in seiner ideengeschichtlichen Studie zu *Autorität und Familie* wenige Jahre zuvor am rationalen Geist der protestantischen Ethik des Kapitalismus kritisiert – nicht dessen Rationalität, sondern daß er nicht rational genug ist, macht ihn mit der Logik kapitalistischer Akkumulation so kompatibel:

> Gegenüber der oft allzu starken Betonung des rationalen, ›rechenhaften‹ Charakters des protestantisch-kapitalistischen ›Geistes‹ muß auf seine irrationalen Momente besonders hingewiesen werden. ...
> Daß die Produktion und Reproduktion des Lebens von dieser Gesellschaft rational nicht zu bewältigen ist, kommt in der theologischen und philosophischen Besinnung auf ihre Existenz immer wieder zum Durchbruch. Der schreckliche Deus absconditus des Calvinismus ist nur eine der schärfsten Formen solchen Durchbruchs; zu ihnen gehört ebenso Luthers heftige Verteidigung des ›servum arbitrium‹ wie der die Kantische Ethik zerspaltende Riß zwischen der reinen Form des allgemeinen Gesetzes und dem Material seiner Erfüllung.[15]

Nach Hegels Tod ist die Philosophie zur Gesellschaftstheorie geworden. Marcuse versucht zu zeigen, daß diese Entwicklung irreversibel und in der gesellschaftlichen Evolution selbst begründet ist. »Der Fortschritt der ökonomischen Verhältnisse erzwingt den Übergang von der Philosophie zur Gesellschaftstheorie«[16]. Die negative Macht des kritischen Denkens sprengt dessen philosophische Form, »die Anstrengungen der Vernunft gehen auf gesellschaftliche Theorie und gesellschaftliche Praxis über«[17]. Die reflexive Kraft der Negation löst die letzte metaphysische Gestalt des Denkens, die Hegelsche Philosophie auf. Philosophie geht in Wissenschaft, in Gesellschaftstheorie über, aber die gesellschaftliche Negativität vereinseitigt und verdinglicht die Wissenschaften zum szientistischen Positivismus. In den neuen Sozialwissenschaften spitzt sich der gesellschaftliche Antagonismus zum Gegensatz von kritischer Theorie und positiver Soziologie zu.

Wenngleich diese beiden Hauptströmungen der Gesellschaftstheorie in der grundlegenden Annahme übereinkommen, daß die Zeit der philosophischen Systeme vorbei ist, so polarisieren sie sich doch, wenn es um ihre Stellung zur Erbmasse der alten Philosophie geht. Zu den Gründungsvätern der kritischen Gesellschaftstheorie rechnet Marcuse neben Marx die Hegelsche Linke, vor allem Feuerbach und die französischen Frühsozialisten, Saint-Simon, Bazard, Sismondi und Proudhon. Dieser Richtung geht es um eine sozialwissenschaftliche Aufhebung des Vernunftbegriffes im Interesse ihrer praktischen Verwirklichung. Die Begründer der positivistischen Schule sieht Marcuse in Auguste Comte, Friedrich Julius Stahl und Lorenz von Stein. Ihnen geht es um eine Verabschiedung von »Vernunft« und »Freiheit« als Grundbegriffen der Soziologie. Die positivistische Verabschiedung der Vernunft ist freilich nicht der totale Bruch mit der Tradition. Sie ist viel eher eine defizitäre Form der Aufhebung, die sich die affirmativen Züge des metaphysischen Positivismus für einen neuen, soziologischen zunutze macht: die falschen Abstraktionen des alteuropäischen Denkens, den monologischen Subjektivismus, die latent instrumentellen Motive, den heimlichen Subjektivismus der »objektiven Vernunft« (Horkheimer). Bei der Umwandlung des alten bürgerlichen »Prinzips der individualistischen Rationalität« in »technologische Rationalität«, so warnt Marcuse Anfang der vierziger Jahre bei einem Vortrag an der Columbia University, droht die »andere Dimension« der Vernunft, die negative, ihr Einspruch gegen das, was ist, zu Bruch zu gehen[18]. Das ist dann das Thema des *Eindimensionalen Menschen*: der irrationale Charakter dieser Rationalität, der in der rationalen Struktur eines irrationalen Ganzen erscheint, in der

Verschmelzung von Vernunft und Unvernunft, von Produktivität und Destruktivität:

> Das Ganze erscheint als die reine Verkörperung der Vernunft. Und doch ist diese Gesellschaft als Ganzes irrational.[19]

Was nun an ihr so beunruhigt, ist der »rationale Charakter ihrer Irrationalität«. Diese Irrationalität ist die aktuelle Gestalt des faktisch Negativen. Indem es den Schein von Rationalität annimmt, gefährdet es die Möglichkeiten jeder transzendierenden Negation. In einer solchen Situation wird kritische Theorie »in letzter Instanz« zum »Hüter« unverkürzter Rationalität:

> Die Theorie wird an der Wahrheit festhalten, selbst wenn die revolutionäre Praxis von ihrem rechten Pfade abweicht. Die Praxis folgt der Wahrheit, nicht umgekehrt.[20]

5. Eros und Kultur

Mit der »Integration des Proletariats« verschärft sich die Frage nach dem subjektiven Korrelat der immer phantastischer werdenden objektiven Möglichkeiten des Spätkapitalismus, die sich an sich auf schwindelnd erweiterter Stufenleiter in der technologischen Rationalität und in den materiellen Produktivkräften verkörpern. Das legt zunächst einen neuen Blick auf die eigene, existenzielle Situation, auf die veränderte Lage des Intellektuellen nahe. Der steht schon lange nicht mehr in der Vorhut einer kämpfenden Klasse. Die Zeit der Avantgardeparteien ist vorbei, und der Partei-Intellektuelle ist zu einer traurigen Figur zwischen Disziplin und Funktion geworden, ein instrumenteller Agent unterwürfiger Selbstkritik und partikularer Interessen. Immer ist die Frankfurter Schule dem Bild des Intellektuellen treu geblieben, das in Frankreich auf der Linken seit Mitte der vierziger Jahre Sartre symbolisiert und fast schon zur Institution gemacht hat: der Rolle des unabhängigen, universalistischen Intellektuellen. Marcuse beschreibt ihre Situation in Anlehnung an Hegel als »tragisch«, ähnlich wie später Sartre, der die Kategorie des »unglücklichen Bewußtseins« der Hegelschen Philosophie entfremdet, um die Lage der Intellektuellen zu bestimmen. In dem Aufsatz zur »Kritik des Hedonismus« schreibt Marcuse:

Daß der Kampf um die höhere Allgemeinheit der Zukunft in der Gegenwart zur Sache besonderer Individuen und Gruppen wird, macht nach Hegel die tragische Situation der weltgeschichtlichen Personen aus. Sie greifen gesellschaftliche Verhältnisse an, in denen – wenn auch schlecht – das Leben des Ganzen sich reproduziert; sie kämpfen gegen eine konkrete Gestalt der Vernunft, ohne daß die Praktikabilität der zukünftigen Gestalt, die sie vertreten, schon empirisch bewiesen wäre. Sie sind Frevler an dem, was in Grenzen immerhin bewährt ist. Ihre Rationalität wirkt notwendig in partikularer, irrationaler, sprengender Form, ihre Kritik an Verfall und Anarchie als anarchisch und destruktiv. Die Individuen, die sich der Idee so sehr fügen, daß ihre Existenz von ihr durchdrungen ist, sind unfügsam und eigensinnig. Das gemeine Bewußtsein weiß keinen Unterschied zwischen ihnen und Verbrechern zu machen, und in der Tat sind sie in der gegebenen Ordnung Verbrecher wie Sokrates in Athen. Allgemeinheit und Vernunft sind ihnen zur eigenen Leidenschaft geworden. Der formalistische Konformist, dem ein besonderes Bedürfnis soviel wie das andere gilt, weiß von ihnen als eigensüchtigen Charakteren, die gefährlich sind. Er sieht, wie die Kritik des Scheins der Freiheit in der Gegenwart und die Erkenntnis der zukünftigen Wirklichkeit der Freiheit schon jetzt ihr Glück ausmachen, weil die schroffe Trennung von hier und dort, heute und morgen, das ausschließende und abstoßende Ichgefühl der bürgerlichen Existenz in ihnen überwunden ist – aber er vermag es nicht zu verstehen. Sie gelten ihm, was er sonst immer bekennen möge, als exaltiert, im besten Fall als religiös, denn von Natur, meint der Konformist, haben die Menschen bloß ihren privaten Nutzen im Sinn. Ihre paradoxe Situation geht nur wenigen auf.[1]

Marcuse verzweifelte angesichts dieser paradoxen Situation jedoch keineswegs. Praktisch konnte er sich über den Unterschied zwischen dem europäischen Faschismus und dem Naziterror auf der einen, dem Pragmatismus, Positivismus und der technologischen Rationalität der Vereinigten Staaten auf der anderen Seite nicht täuschen: dies war ein Unterschied ums Ganze. Gegen den Irrationalismus und Antirationalismus der Faschisten blieb der Positivismus allemal im Recht. Schließlich war spätestens nach dem Kriegseintritt der USA klar, daß der Faschismus durch eine technologisch fortgeschrittene Macht besiegt würde. »Der Faschismus ... wird an der Macht scheitern, die sich als effektiver als der Faschismus erweist«[2], schrieb Marcuse 1941 in dem Aufsatz, der die These des *Eindimensionalen Menschen* von der »Irrationalität in der herrschenden Rationalität« vorwegnahm. Auch persönlich war er als Mitarbeiter der Forschungsabteilung des *Office of Strategic Studies* (OSS) am Krieg gegen die Nazis beteiligt. Er hat, nach einer kurzen Zwischenstation in Santa Monica in Kalifornien, fast ein Jahrzehnt in Washington gelebt und dort als Wissenschaftler für die Regierung gearbeitet. Die Tätigkeit im OSS, wo er mit Franz Neumann, Otto Kirchheimer und Barrington Moore jr. zusammenarbeitete, diente vor allem der Identifizierung ökonomischer Kriegsverbrecher und der Entwicklung demokratischer Perspektiven für das Nachkriegsdeutschland[3]. Zur Enttäuschung Marcuses, der nach 1945 zeitweilig als amerikanischer Offizier in Deutschland war, blieb die Arbeit über ökonomische Kriegsverbrechen folgenlos: »Diejenigen, die wir ... als ›ökonomische Kriegsverbrecher‹ an der ersten Stelle der Liste hatten, waren sehr bald wieder in den entscheidenden verantwortlichen Positionen der deutschen Wirtschaft wiederzufinden«[4].

Doch Marcuse hat auch theoretisch versucht, einen Ausweg aus der Paradoxie einer »Gesellschaft ohne Opposition«[5] zu finden. Es war dies eben der Versuch, den Begriff einer ästhetisch-erotischen Vernunft zu erneuern und in der Dynamik der Triebe zu verankern. 1955 erschien *Triebstruktur und Gesellschaft* in Boston unter dem Titel *Eros and Civilisation*.

Triebstruktur und Gesellschaft nimmt im Werk Herbert Marcuses eine zentrale Stelle ein. In einem kühnen Entwurf vollzieht er die spekulative Synthese aus dem Fundus seiner Denk-Traditionen: aus der idealistischen Philosophie und Ästhetik, aus der Metapsychologie Freuds und der *Dialektik der Aufklärung*, aus deren negativer Geschichtsphilosophie er einen Ausweg zeigen will.

> Stellt die Wechselbeziehung zwischen Freiheit und Unterdrükkung, Produktivität und Zerstörung, Herrschaft und Fortschritt wirklich das Prinzip der Kultur dar? Oder resultiert dieser Wechselbezug nur aus einer spezifischen historischen Organisation des menschlichen Daseins? In Freuds Begriffen ausgedrückt: ist der Konflikt zwischen dem Lust- und dem Realitätsprinzip derart unversöhnlich, daß die unterdrückende (repressive) Umformung der menschlichen Triebstruktur unerläßlich ist? Oder läßt dieser Konflikt die Vorstellung einer Kultur ohne Unterdrückung zu, die auf einer völlig andersartigen Daseinserfahrung, auf einer völlig anderen Beziehung zwischen Mensch und Natur, auf völlig anderen existentiellen Beziehungen beruht?[6]

Einen Vorgriff auf eine Dimension »völlig anderer existentieller Beziehungen« hatte Marcuse bereits in einer Auseinandersetzung mit Jean-Paul Sartres *Das Sein und das Nichts* getan. 1948 schreibt er in einer ausführlichen Rezension dazu:

> Und der eine Punkt, der eine Moment, der als Erfüllung, Besitz erscheint, ist der, wo und wann der Mensch ein Ding wird: Körper, Fleisch; und seine freie Aktivität völlige Trägheit wird: Liebkosung des Körpers als Ding. Das Ego, das von den ›Dingen‹ bisher getrennt war und sie deshalb beherrschte und ausbeutete, ist nun selbst zum ›Ding‹ geworden.[7]

Marcuses Interpretation von Sartres Konstruktion des »Leibes« zeigt, daß die Durchbrechung des Verdinglichungszirkels in der Sphäre des sinnlich-konkreten Leibes, des »Fleisches« stattfindet, in dem Sinne, daß das Ego im Körper selbst zum Ding wird, der Gegensatz zwischen dem Ego und den Dingen aufgehoben ist.

Die Beziehungen zwischen den Menschen werden Beziehungen zwischen Dingen; aber dieser Tatbestand wird nicht länger verhüllt und verkehrt durch gesellschaftliche Fetische und Ideologien. Verdinglichung dient nicht länger zur Aufrechterhaltung der Ausbeutung und Plackerei, sondern ist völlig vom ›Lustprinzip‹ bestimmt.[8]

Nicht die Blutspur, die ins »Sein zum Tode« führt, läßt sich in Marcuses Denken als Restspur der Existentialphilosophie festmachen, sondern die Spur, die, einmal freigelegt, zum erfüllten Dasein führt, zur zweckfreien Existenz. Die Aufhebung des Reichs der Notwendigkeit freilich, aus dem die »Begierde« und die »Liebkosung« den Körper für Momente als Lust- und nicht als Arbeitsinstrument befreien, wurde als Entwurf einer gänzlich anderen Existenz nur im Reich des schönen Scheins, der Ästhetik gedacht. 1937 bereits skizziert Marcuse in seinem Aufsatz »Über den affirmativen Charakter der Kultur« die empirischen Nahtstellen solcher Entwürfe in Motiven der Kunst und Alltagskultur als »vordeutende Erinnerung«:

Wo der Körper ganz zur Sache, zum schönen Ding geworden ist, kann er ein neues Glück ahnen lassen. Im äußersten Erleiden der Verdinglichung triumphiert der Mensch über die Verdinglichung. Die Artistik des schönen Körpers, wie sie sich heute einzig noch in Zirkus, Varieté und Revue zeigen darf, diese spielerische Leichtigkeit und Gelöstheit kündet die Freude an der Befreiung vom Ideal an, zu welcher der Mensch gelangen kann, wenn die in Wahrheit zum Subjekt gewordene Menschheit einmal die Materie beherrscht. Wenn die Verbindung mit dem affirmativen Ideal aufgehoben ist, wenn im Zusammenhang einer wissenden Existenz, ohne jede Rationalisierung und ohne das geringste puritanische Schuldgefühl wirklich genossen wird, wenn die Sinnlichkeit von der Seele also ganz freigegeben ist, dann entsteht der erste Glanz einer anderen Kultur.[9]

Die dialektische Aufhebung der Verdinglichung zur schönen Sache selbst verrät freilich nicht nur das Erbe des Existentialismus, sondern verdankt sich auch einem Materialismus-Begriff, der an das naturphilosophische Erbe der *Pariser Manuskripte* des frühen Marx anschließt. Das philosophische Unterfutter, mit dem Marcuse Freuds Metapsychologie und seinen biologischen Naturbegriff ausstaffiert, hat hier ihren Vorläufer: »Das unmittelbare, natürliche, notwendige Verhältnis des Menschen zum Menschen ist das Verhältnis des Mannes zum Weibe. In diesem natürlichen Gattungsverhältnis ist das Verhältnis des Menschen zur Natur unmittelbar sein Verhältnis zum Menschen, wie das Verhältnis zum Menschen unmittelbar sein Verhältnis zur Natur, seine eigene natürliche Bestimmung ist«[10]. – »Der Mensch ist unmittelbar Naturwesen. Als Naturwesen und als lebendiges Naturwesen ist er teils mit natürlichen Kräften, mit Lebenskräften ausgerüstet, ein tätiges Naturwesen; diese Kräfte existieren in ihm als Anlagen und Fähigkeiten, als Triebe«[11].

Aus der besonderen Stellung des Menschen zur Natur entstand bereits während Marcuses Mitgliedschaft am Institut für Sozialforschung eine Kontroverse, die die Anhänger der Psychoanalyse in zwei gegensätzliche Lager spaltete. Eine Kontroverse, deren eine Richtung Marcuse gegen den Antipoden Erich Fromm vertrat: Freudscher Biologismus versus Kulturismus. Ausgangspunkt beider Positionen war der von der Kritischen Theorie in den dreißiger Jahren begonnene Versuch zu einer materialistischen Freud-Interpretation, zum Freudo-Marxismus. 1948 schrieb Max Horkheimer: »Im Eifer, das Physische vom Psychologischen herzuleiten, wird Freuds Tendenz, die höchsten Werte von materiellen Prozessen abzuleiten, das Psychologische ins Physiologische, ja sogar Physikalische aufzulösen, heute beinahe übersehen. ... Aber in einem intellektuellen Klima, in dem das theoretische Kernstück der Psychoanalyse, Freuds biologischer Materialismus, als eine Art Aberglaube, als nicht verifizierbar und als untauglich, damit rasch zum Erfolg zu kommen, verworfen wird, ist es um so notwendiger, an der Freudschen Orthodoxie in diesem Sinne festzuhalten und der Verflachung entgegenzuwirken, der so oft bedeutende Schulen des Denkens in den Geistes- und Sozialwissenschaften zum Opfer gefallen sind«[12]. Für Marcuse freilich gewinnt der »biologische Materialismus« Freuds eine historisch-materialistische Wende. Denn hinter Freuds »Biologismus« sieht er nicht eine ahistorisch verfaßte Natur, sondern eine Dynamik wirksam, die zugleich biologisch und soziologisch ist:

> Das Schicksal der menschlichen Freiheit und des menschlichen Glücks wird im Kampf der Triebe ausgefochten und entschieden – im wahrsten Sinne des Wortes einem Kampf auf Leben und Tod, an dem Soma und Seele, Natur und Kultur teilnehmen. Diese biologische und gleichzeitig soziologische Dynamik stellt das Kernstück der Freudschen Metapsychologie dar.[13]

Diese dualistische Konstruktion enthüllt Marcuse als ein Stück Vergesellschaftungsgeschichte der Natur, denn die Natur selbst ist bereits eine historisch verfaßte, die je schon in einer historisch gewordenen Kultur vorliegt.

> Es gibt keine Triebstruktur ›außerhalb‹ der historischen Struk-

tur. Das enthebt uns aber nicht der Notwendigkeit, die Unterscheidung zu machen – nur muß sie *innerhalb* der historischen Struktur vollzogen werden. Diese letztere erscheint als in zwei Ebenen geschichtet: a) die phylogenetisch-biologische Schicht, die Entwicklung des menschlichen Tieres im Kampf mit der Natur, und b) die soziologische Schicht, die Entwicklung der zivilisierten Individuen und Gruppen im Kampf untereinander und mit ihrer Umgebung. Die beiden Ebenen stehen in dauernder, unauflöslicher Wechselwirkung, aber die Faktoren, die auf der zweiten, sozialen Ebene geschaffen werden, sind für die erste, biologische Ebene durchaus exogene Faktoren und haben daher ein anderes Gesicht und eine andere Wertigkeit.[14]

Marcuse kann einen Ausweg nur erhoffen, wenn weder die negative Geschichtsphilosophie der *Dialektik der Aufklärung* noch die pessimistische Anthropologie Freuds recht behielten. Um diesem Dilemma zu entgehen, muß er einen Weg zeigen, der den Schutt wegsprengen könnte, in den die vorherrschende Organisation des Realitätsprinzips und der ihm unterworfenen zweckrationalen Vernunft das Glückspotential der Gattung Mensch gelegt hat. Der pessimistischen Kulturanthropologie Freuds weist nun Marcuse mit dem zugespitzten Instrumentarium immanenter Kritik, die Unklarheiten und Widersprüche in Freuds eigenem Denken aufspürt, die deterministischen Konsequenzen eines ahistorischen Biologismus zurück. Damit hat er in einem ersten Schritt die zumindest gedankliche Möglichkeit zu einer Befreiung von jenem Teil der Triebunterdrückung aufgezeigt, die einzig und allein einem bestimmten historischen Herrschaftsanspruch entspringt und nicht durch die destruktive Natur der Triebe auf immer und ewig notwendig ist. Aber nicht nur das Denken Freuds sitzt seinen negativen Aporien auf, wenn es die Geschichtlichkeit der Natur nicht konsequent zu Ende denkt, auch im philosophischen Erbe des Vernunftbegriffs sieht Marcuse Ansätze, die die Aporien der Dialektik der Aufklärung durchschlagen könnten. So wird für ihn zur zentralen Frage, ob es nicht zu einer Versöhnung von Vernunft und Sinnlichkeit kommen kann.

1. Gerade der Fortschritt der Kultur und Zivilisation unter dem Leistungsprinzip hat einen Stand der Produktivität mit sich gebracht, angesichts dessen die Ansprüche der Gesellschaft auf Verausgabung von Triebenergie in entfremdeter Arbeit um ein Beträchtliches vermindert werden könnten. Infolgedessen erscheint die fortgesetzte unterdrückende Organisation der Triebe weniger durch den ›Kampf ums Dasein‹ erzwungen als durch ein Interesse an der Verlängerung dieses Kampfes – ein Interesse der Herrschaft.

Marcuse ist immer auch auf der Suche nach philosophischen Motiven, die zu einer immanenten Erweiterung des Rationalitätsbegriffs nötigen:

2. Die repräsentative Philosophie der westlichen Kultur hat einen Vernunftbegriff entwickelt, der die hervorstechenden Züge des Leistungsprinzips enthält. Die gleiche Philosophie aber endet mit der Vision einer höheren Form der Vernunft, die die gerade Verneinung dieser Züge ist – nämlich Rezeptivität, Kontemplation, Freude. Hinter der Definition des Subjekts in den Begriffen der immer transzendierenden und produktiven Tätigkeit des Ich erhebt sich das Bild der Erlösung vom Ich: das Zurruhekommen aller Transzendenz in einer Daseinsform, die alles Werden in sich aufgenommen hat, die in aller Andersheit für und mit sich selbst ist.[15]

Aus den Arsenalen der ästhetischen Phantasie, der kulturellen Überlieferung holt Marcuse die Mythen und imaginären Helden des anderen Realitätsprinzips, das sich nicht länger vom prometheischen Gehalt des Leistungsprinzips gefangennehmen läßt. Orpheus und Narziß werden zu den

Anti-Helden einer Kultur, die nicht auf Unterdrückung abgestellt ist:

Ist Prometheus der Kulturheld der Mühsal, dann müssen die Symbole eines anderen Realitätsprinzips auf dem entgegengesetzten Pol zu finden sein. Orpheus und Narziß stehen für eine sehr andere Wirklichkeit (wie Dionysos, dem sie verwandt sind: der Antagonist des Gottes, der die Logik der Herrschaft, das Reich der Vernunft sanktioniert). Sie wurden niemals die Kulturheroen der westlichen Welt: ihre Imago ist die der Freude und der Erfüllung, ist die Stimme, die nicht befiehlt, sondern singt; die Geste, die gibt und empfängt; die Tat, die Friede ist, und das Ende der Mühsal der Eroberung, ist die Befreiung von der Zeit, die den Menschen mit Gott, den Menschen mit der Natur eint.[16]

Orpheus und Narziß als die »Urbilder« der »Großen Weigerung«, die feindliche Trennung von Ich und Welt zu vollziehen, werden zu den Archetypen einer möglichen neuen Ordnung der Welt, die die »ästhetische Dimension« einschließt. In dem Kapitel, das Marcuse der ästhetischen Dimension widmet, treten deutlich die Züge in seinem Denken zutage, die sich der deutschen idealistischen Philosophie und Ästhetik verdanken. Unter Rekurs auf Kant und Schiller wird in der ästhetischen Dimension nun die Möglichkeit einer nicht-repressiven Aufhebung des antagonistischen Verhältnisses von Sinnlichkeit und Intellekt, Begehren und Erkennen, Natur und Vernunft benannt. Gegen den bildungsbürgerlichen Glattstrich interpretiert Marcuse die Schillersche Konzeption eines »ästhetischen Staates«, der auf dem »Spieltrieb« gründet, nicht als Refugium bloß transzendentaler Freiheit, sondern:

Es handelt sich um ein ›politisches‹ Problem: die Befreiung des Menschen von unmenschlichen Daseinsbedingungen. ...

Der Spieltrieb könnte, würde er tatsächlich als Kulturprinzip Geltung gewinnen, die Realität im wahrsten Sinne des Wortes umgestalten. Die Natur, die objektive Welt, würde dann nicht mehr in erster Linie als den Menschen beherrschend erfahren (wie in der primitiven Gesellschaft) noch als etwas, das vom Menschen beherrscht wird (wie in unserer Welt), sondern vielmehr als ein Gegenstand der ›Betrachtung, der Reflexion‹.[17]

Marcuse interpretiert die Schillersche Idee einer »ästhetischen Erziehung des Menschengeschlechts« im Sinne einer konkreten Utopie, die nicht auf das »nowhere«, sondern auf das »now, here« zielt, die die Wirklichkeit nicht verläßt, sondern verändert. In der materialistischen Deutung des Kerngehalts der idealistischen Philosophie der Ästhetik, in der Vorstellung von Versöhnung und Glück als Vereinigung und libidinöse Verkettung entfernt sich Marcuse freilich am weitesten von einer Konzeption Kritischer Theorie, wie sie Adorno entwickelt hat. War für Adorno das Insistieren auf dem Nicht-Identischen das zentrale Motiv seines Denkens, so entwickelt Marcuse durchaus die Phantasie einer Aufhebung des Nicht-Identischen in der Vereinigung:

Hinter der Definition des Subjekts in den Begriffen der immer transzendierenden und produktiven Tätigkeit des Ich erhebt sich das Bild der Erlösung vom Ich: das Zurruhekommen aller Transzendenz in einer Daseinsform, die alles Werden in sich aufgenommen hat, die in aller Andersheit für und mit sich selbst ist.
Daher schreibt Schiller dem befreienden Spieltrieb die Funktion zu, ›die Zeit in der Zeit aufzuheben, Werden mit absolutem Sein, Veränderungen mit Identität zu vereinbaren‹. In dieser Aufgabe gipfelt der Fortschritt der Menschheit zu einer höheren Form der Kultur.[18]

Im »Urbild« des Narziß hatte Marcuse die mythische Vorstellung einer Aufhebung der Trennung von Ich und Welt festgehalten. Im Mythos führt diese Aufhebung zum Tod, und auch in der psychoanalytischen Deutung Freuds birgt das Festhalten am narzißtischen Stadium die Drohung des »mütterlichen Verschlungenwerdens im überwältigenden Schoß« (Freud), den Sieg des Todestriebs nach dem endgültigen Stillstand, der letzten Ruhe. Dem setzt Freud die Notwendigkeit der Anerkennung des Realitätsprinzips entgegen. Marcuse hält dagegen:

> Aber diese Wirklichkeit, die dem Ich als feindselige Macht gegenübertritt, ist weder die einzige noch die ursprüngliche Wirklichkeit. Die Entwicklung des Ich ist eine Entwicklung ›fort vom primären Narzißmus‹; in diesem frühen Stadium ist die Realität ›nicht draußen, sondern sie ist im Vor-Ich des primären Narzißmus enthalten‹. Sie ist dem Ich nicht feindlich und fremd, sondern ›ihm innig verbunden, ursprünglich nicht einmal von ihm unterschieden‹. ... Die primäre Erfahrung der Realität ist die Erfahrung einer libidinösen Einheit. Die narzißtische ›Phase der individuellen Prägenitalität‹ erweckt die Erinnerung an die mütterliche Phase der Menschheitsgeschichte. Beide stellen eine Wirklichkeit dar, auf die das Ich mit einer Haltung nicht von Verteidigung und Unterwerfung, sondern von integraler Identifizierung mit der ›Umgebung‹ reagiert.[19]

In der Geschichte der Menschheit und jedes Menschen gibt es also zumindest als Erinnerungsspur eine Dimension anderer Wirklichkeit, die vor der Repression durch die Kastrationsdrohung, vor der Anpassung an das herrschende Realitätsprinzip liegt. Aus jenen »Spuren einer mütterlichen libidinösen Moral« erwachsen freilich Versprechungen, die weitergehen als das Festhalten an der bloßen Erinnerung. Während gemeinhin die Konstruktionen der Ursprungsmythen vom »goldenen Zeitalter« auf deren Vergangenheit und Unwiederbringbarkeit sich beziehen, macht Marcuse auch an diesem spekulativen Punkt noch die materialistische Wende: was einmal materiale Geschichte war, was unter dem Druck der herrschenden Verhältnisse aufgegeben worden ist, kann wieder Wirklichkeit werden. Daß aus der Erinnerung Zukunft werden kann, daran freilich hindert die Vorstellung vom Tod, der mit der Kraft einer kulturell verankerten Drohung ausgestattet wird. So wie Freud nach Marcuse die Bildung der narzißtischen Vereinigungswünsche an den Todestrieb gebunden hat, so bindet die Gesellschaft die Vorstellung von der Zeitlichkeit allen Glücks und aller Befriedigung an die Ideologie des Todes. An die Stelle der Bekämpfung des Todes tritt die Drohung mit ihm, an die Stelle seiner Herausschiebbarkeit das heimliche Einverständnis:

> Der Mensch lernt, ›daß es ja doch nicht dauern kann‹, daß alle Lust kurz ist, daß für alle endlichen Dinge die Stunde ihrer Geburt schon die Stunde ihres Todes ist – daß es gar nicht anders sein kann. Er resigniert schon, ehe ihn die Gesellschaft zwingt, die Resignation methodisch zu üben. ... Der Fluß der Zeit hilft den Menschen das zu vergessen, was war und was sein kann: er macht sie vergeßlich gegenüber der besseren Vergangenheit und einer besseren Zukunft.[20]

Ganz zweifellos ist es erstaunlich, daß Herbert Marcuse 1955, in einer Zeit also, die einerseits von der Verdrängung der allerjüngsten Vergangenheit der faschistischen Massenvernichtungen und andererseits von einem konservativen Rollback gekennzeichnet war, zu einer Theorie gelangen konnte, die auf die Möglichkeit zu einer veränderten Gesellschaft pochte, in der die innere Natur selbst aus ihren repressiven Umklammerungen des Todestriebes befreit werden könnte. Zwischen den ökonomistisch verkürzten, kulturkritischen Erklärungsversuchen einerseits und anthropologisch getönten, kulturkritischen Ecce-Homo-Exegesen andererseits hat Marcuse damit eine Bresche geschlagen zu einer materialistischen Kulturkritik.

Diese Kulturkritik ist sehr verschieden von jenem dumpfen »Unbehagen an der Kultur«, das der späte Freud zum Gegenstand einer zwar skeptischen, aber nie in anthropologischen Pessimismus zurücksinkenden Zeitdiagnose gemacht hat. Sie teilt mit Freud die rationalistische Prämisse. Ganz entschieden weist Marcuse das »Mißverständnis«, Freud wäre »in irgend einem Sinne Irrationalist«, zurück:

Es gibt vielleicht keinen rationalistischeren Denker der letzten Jahrzehnte als Freud, dessen ganzes Bestreben darauf gerichtet ist zu zeigen, daß die irrationalen Kräfte, die in den Menschen noch wirksam sind, der Vernunft unterworfen werden müssen, wenn die menschlichen Verhältnisse überhaupt sich verbessern sollen, und dessen Satz: ›Wo Es war, soll Ich werden‹, vielleicht die rationalste aller Formulierungen ist, die man sich in der Psychologie vorstellen kann.[21]

Es ist nicht dieser Rationalismus, den Marcuse an Freud in Frage stellt. Der Fortschritt vom Lustprinzip zum Realitätsprinzip ist der einzige Weg, der die Menschen in die Freiheit führt. Aber das Realitätsprinzip ist nicht a priori das herrschende Leistungsprinzip; die für den Fortschritt zur Kultur notwendige und deshalb legitime Repression ist von der »surplus repression« zu unterscheiden. Es scheint so, als wären alle bisherigen Fortschritte und Revolutionen nicht nur durch nackten Zwang in die konterrevolutionären Bahnen partikularistischer Herrschaft abgebogen worden. Wenn wir mit Freud davon ausgehen, daß das Schuldgefühl die Rebellen statt zur vollständigen Emanzipation zur Verinnerlichung der Autorität und ihrer Gewalt treibt, dann können wir die Frage wagen, ob es neben dem geschichtlich-gesellschaftlichen Thermidor, der in allen Revolutionen der Vergangenheit nachzuweisen ist, nicht auch einen psychischen Thermidor gibt; werden die Revolutionen vielleicht nicht nur von außen besiegt, umgekehrt und zurückgenommen, ist nicht vielleicht in den Individuen selbst schon eine Dynamik wirksam, die eine mögliche Befreiung und Befriedigung innerlich verneint und die Individuen nicht nur äußerlich sich der Verneinung beugen läßt?[22]

Diese verinnerlichte Verneinung von Emanzipation und Autonomie aber ist tief ambivalent. In dieser Ambivalenz stecken beide Möglichkeiten: der Alptraum einer ins Subjekt eingegrabenen, unwiderruflich vollendeten Negativität[23], aber ebenso der romantische Traum von den besseren Möglichkeiten einer rebellischen Subjektivität. Die Ambivalenz in der tiefenpsychologischen Dynamik der Kultur ähnelt der von Produktivität und Destruktivität im Wachstum der technischen Möglichkeiten der Industriegesellschaft nicht nur, sie ergänzt sie um eine zweite, materialistische Dimension der Subjektivität. Sie birgt regressive und progressive Möglichkeiten. In jedem Falle ist sie nicht minder explosiv als die Dynamik fortschreitender Produktivität:

So scheint es, daß die psychischen Atome der gegenwärtigen Gesellschaft selbst so explosiv sind wie die gesellschaftliche Produktivität.[24]

An diese zunächst pessimistische Feststellung knüpft Marcuse auch die Hoffnung, die moderne Technik könne aus den Fesseln der bestehenden Herrschaftsverhältnisse nur befreit werden, wenn die Produktivkräfte des phantasierenden Subjekts sie aufsprengen.

6. Der eindimensionale Mensch

Triebstruktur und Gesellschaft ist Marcuses Beitrag zur »romantischen Dimension«[1]. *Der eindimensionale Mensch* rückt, vorbereitet vor allem durch eine brillante Studie über Max Weber, das Thema der Rationalität von neuem ins Zentrum der Untersuchung. Die »Studien zur Ideologie der fortgeschrittenen Industriegesellschaft«[2], deren Summe *Der eindimensionale Mensch* zieht, haben Marcuse bis heute einen Platz in der Geschichte der Soziologie gesichert. Beim Erscheinen des Buches ist Marcuse bereits Mitte Sechzig und wird bald Professor für Politische Wissenschaften an der Staatsuniversität von Kalifornien in San Diego. Den Blick der Weber-Forschung lenkt er mit Nachdruck auf den okzidentalen Rationalisierungsprozeß. Natürlich interessiert sich der von Hegel kommende Philosoph für die Art und Weise, in der die Soziologie im Begriff der Rationalisierung das alte philosophische Thema der Vernunft aufnimmt und fortführt. In den Formen gesellschaftlicher Rationalisierung, in Prozessen der »Intellektualisierung« und der »Entzauberung« zeigt sich, wie die Vernunft sich in der modernen Welt geschichtlich einrichtet.

Zeitweilig wird Marcuse zur negativen Gegenstimme der funktionalistischen Soziologie, und natürlich sind die Studenten zwischen Berlin und Berkeley von seiner zugleich pessimistischen und visionären, utopischen Zeitdiagnose fasziniert. Seit dem Heidelberger Soziologentag von 1964, auf dem Parsons und Marcuse über Weber vortrugen, schien es so, als hätte der Gegensatz des negativen zum positiven Denken in den Figuren des Berliner Emigranten, den es an die amerikanische Westküste verschlagen hatte, und des großen westlichen Soziologen von der strengeren, aber nicht minder modernistischen Ostküste desselben Subkontinents, leibhaftige Gestalt angenommen. Treffend hat der Soziologe Wolfgang Schluchter viele Jahre später diese neuere Form des Widerspruchs von positiver Soziologie und Kritischer Theorie beschrieben: »Für *Talcott Parsons* ist das System der modernen Gesellschaften das rationalste der bisherigen Gesellschaftsentwicklung. Es besitzt eine sonst nicht erreichte *Anpassungs*kapazität. Grundlage dafür ist eine Vieldimensionalität, ein ... Pluralismus, der progressiven Wandel gestattet. Und dabei wächst letztlich auch die Freiheit, die der einzelne besitzt. Für *Herbert Marcuse* dagegen ist die fortgeschrittene Industriegesellschaft die irrationalste der bisherigen Gesellschaftsentwicklung. Sie besitzt eine sonst nicht erreichte *Manipulations*kapazität. Grundlage dafür ist ihre Eindimensionalität, die es ihr ermöglicht, progressiven Wandel dauerhaft zu unterdrücken. Und dies bedroht die ... Freiheiten, die in der ... industriegesellschaftlichen Entwicklung errungen worden sind«[3].

Einem so integrativen Denker wie Jürgen Habermas ist natürlich die Vermittlung und theoretische Integration dieses Gegensatzes nie schwer gefallen, zumal Marcuses Arbeiten uns eher an den blinden Fleck in Parsons Werk erinnern, als daß sie eine vollständige Alternative darstellten. Genau das ist es ja, was Parsons in seiner gebannten Fixierung auf das rationale Leuchten explodierender Anpassungsleistungen und Wandlungsfähigkeiten beharrlich übersieht: die Schattenseiten dieser Entwicklung, die

Dialektik des Fortschritts, die selbsterzeugte Entfremdung. Gerade aus heutiger Sicht, da die Zeichen der Zeit eher auf Rückkehr zu Altbewährtem weisen und zwischen rückwärtiger Sehnsucht und moderater Dämpfung des Fortschritts schwanken, scheint es wichtig, noch einmal auf die Übereinstimmungen zwischen Parsons und Marcuse hinzuweisen. Denn Marcuse bestreitet keineswegs, daß die moderne Gesellschaft über ungeheure Anpassungskapazitäten verfügt und daß deren Potential in einem ganz unverächtlichen Sinne rational ist. Die Grenzen der Utopie sind die Beschränkungen dieses Potentials: der technischen Möglichkeiten, der immensen Produktivität und des großen Reichtums der Industriegesellschaft. Aber der andere Name dieser Gesellschaft ist Spätkapitalismus, und unter diesem Titel stellt Marcuse einer fortschrittlichen Zeit die Diagnose einer selbsterzeugten, durch technologische Vereinseitigung der Vernunft, die er »Eindimensionalität« nennt, hervorgerufenen sozialen Pathologie.

An diese Bedeutung Marcuses für die Gesellschaftstheorie erinnerte Habermas die Soziologen auf einem Vortrag, wenige Monate nachdem beide, Marcuse und Parsons, kurz nacheinander auf einer Europareise gestorben waren: »Die sozialen Pathologien der Moderne sind ein Thema, das weit mehr als Parsons' das Denken eines anderen, eines ganz anderen Gesellschaftstheoretikers beherrscht hat. Er ist wenige Wochen nach Parsons und nur wenige Kilometer entfernt von dessen Todesort gestorben: ich meine Herbert Marcuse. Mir scheint, daß es unserer Profession nur nützen könnte, wenn sie sich in ihren theoretischen Anstrengungen der Spannung, die zwischen beiden Positionen besteht, nicht durch Polemik oder Totschweigen entzöge«[4].

Nicht nur das Spannungsverhältnis von alteuropäischer Vernunft und moderner Zweckrationalität ist von unverminderter Aktualität, für intellektuelle Zeitdiagnosen nicht weniger als für fachsoziologische Theoriediskussionen. Marcuse hat diesen Problembereich mit einer anderen, immer noch produktiven Fragestellung integriert, der er in der nochmaligen Auseinandersetzung mit Husserls Spätwerk nachgegangen ist, der Frage nach dem Verhältnis von Rationalität und Lebenswelt[5]. Inwiefern sind Technik und Wissenschaft ein geschichtlicher und gesellschaftlicher Entwurf? Tragen die modernen Wissenschaften auch die Züge einer bloß partikularen, historischen Lebensform, die deren Allgemeinheit und Notwendigkeit zwar nicht außer Kraft setzt, wohl aber begrenzt? In *Der eindimensionale Mensch* versucht Marcuse nachzuweisen, daß in die moderne, technologische Rationalität die Konturen eines bestimmten, kollektiven Projekts eingeprägt sind; und dieses »Projekt der Moderne« (Habermas) ist eines, das die Möglichkeiten seiner Vernunft noch lange nicht ausgeschöpft zu haben scheint. Der Universalismus dieses rationalen Projekts erscheint in partikularistisch entstellten Formen, ist durch Herrschaft heftig verzerrt. Es ist diese Verzerrung, die auch dem Universalismus von Technik und Wissenschaft historische Grenzen zu ziehen scheint. Die allgemeine Vernunft wird durch eine herrschaftlich geprägte Lebensform zur technologischen Rationalität vereinseitigt, wird »eindimensional«. Insofern die moderne Rationalität durch das Projekt einer partikularistischen, herrschaftlichen Lebensform eingeschränkt wird, ist sie in diesem ihrem partikularen und historischen Zug irrational. Eine solche, in einem wesentlichen Sinne unvollständige Rationalität nennt Marcuse »irrationale Rationalität« oder »rationale Irrationalität«[6].

Diese paradoxe, auf den dialektischen Antagonismus der vollendeten Negativität des vollendet Positiven zugeschnittene Begrifflichkeit ist sozialwissenschaftlich produktiv, sie ermöglicht überraschende Einsichten in die funktionale Dynamik spätkapitalistischer Gesellschaften. Die beschreibt Marcuse als solche, die auf dem höchsten Niveau der Freiheit die Unfreiheit aller reproduzieren. Das begriffliche Paradox einer »irrationalen Rationalität« erweist sich als gesellschaftliche Rationalisierungsparadoxie. Das Tempo sozialen Wandels beschleunigt sich täglich, alles ist änderbar, nichts, was nicht wählbar geworden wäre; aber am status quo der Gesellschaft ändert sich nichts, starr liegt die Richtung des Fortschritts fest. Der Bielefelder Soziologe Claus Offe hat, ohne direkt auf Marcuse Bezug zu nehmen, in einem 1986 erschienenen Aufsatz den Gehalt der »irrationalen Rationalität« für die Gesellschaftstheorie fruchtbar gemacht. Gewaltigen Freiheitsgewinnen scheinen bedrohliche Freiheitsverluste zu korrespondieren. Überall und fast täglich vergrößern sich unsere Optionsspielräume, wir haben immer häufiger die Wahl und müssen uns entscheiden. Aber das Ganze der Gesellschaft ist von einer eigentümlichen »Starrheit und Immobilität«[7]. Der status quo steht nicht zur Disposition: »Die Modernisierung der Teile, so scheint es, geht auf Kosten der Modernität des Ganzen« – insofern der Fortschritt der Modernität, so ließe sich mit Marcuse hinzufügen, eben einer »im Bewußtsein der Freiheit« (Hegel) ist. »Gerade wegen der Zukunftsoffenheit der Teilsysteme« und ihrer Teilrationalitäten, die auf Innovation und Beschleunigung angelegt sind, »scheint die Gesellschaft selbst unfähig geworden zu sein, ihre eigene Zukunft als Projekt zu konzipieren. ... Als Kehrseite der Modernisierungsprozesse zeichnet sich eine durchaus paradox erscheinende Status-quo-Befangenheit und Unbeweglichkeit der Gesamtgesellschaft ab, die mit dem Grundmotiv der Moderne, der Steigerung des Disponieren- und Auswählenkönnens«, also mit der Freiheit, »nichts mehr gemein hat«[8].

Als der Höhepunkt der Studentenbewegung in Westeuropa und Nordamerika längst überschritten war, hat Marcuse drei Aufsätze zu einem Buch zusammengefaßt, dessen Titel die in *Der eindimensionale Mensch* skizzierte Rationalisierungsparadoxie ironisch um eine revolutionstheoretische Pointe ergänzt: *Konterrevolution und Revolte.* So wie die Irrationalität des Ganzen als breiter Schatten auf die Rationalität der Teile fällt, so scheint im Spätkapitalismus eine »präventive Konterrevolution« die Negationsleistungen der rebellischen Subjektivität gar nicht erst zu Wort kommen zu lassen. Die negative Totalität der präventiven Konterrevolution erstickt die verzweifelten Revolten gegen den Spätkapitalismus in ihrer eigenen Partikularität, lange bevor sie sich zur revolutionären Negation des Ganzen totalisieren können[9].

Das ist für Marcuse und seine Frankfurter Freunde derjenige Aspekt der modernen Rationalitätsparadoxie, der sie immer am meisten irritiert und beunruhigt hat: Der vollendete Schein einer rationalen Gesellschaft, der die Rationalität selbst zur Ideologie werden läßt, zerstört das Fundament der Ideologiekritik, denn deren Fundament ist ja eben diese geschichtlich situierte Rationalität. Aber die innerweltliche Situierung der Rationalität als Ideologie würde die »Paralyse der Kritik« in einer »Gesellschaft ohne Opposition« bedeuten[10]. Wenn an die Stelle des »unglücklichen Bewußtseins« die reine Oberfläche eines glücklichen, posthistorischen tritt, unter der sich nichts anderes mehr verbirgt als die endlose Verdoppelung der positiven Zustimmung zum Lauf der Welt, dann trifft die Negation des Negativen auf keinen Widerstand, die Reflexion läßt die Negationen der Kritik unbestimmt in »leere Breite und leere Tiefe« (Hegel) greifen[11].

Natürlich sind solche Thesen eine Überstilisierung intellektueller Grenzerfahrungen, deren sozialpsychologische Implikationen ebenso schwer einer empirischen Überprüfung standhalten dürften wie die von Adorno bis Marcuse beständig wiederholten Eindimensionalitätsthesen zur Zerstörung der Kultur durch die Kulturindustrie. Marcuses späte Konstruktion einer zweidimensionalen Vernunft offenbart eine alte Schwäche der frühen Kritischen Theorie. Die Vernunft war einmal zweidimensional, und jetzt ist sie es nicht mehr. Ganz gegen die Absicht ihres Autors wird die Vergangenheit zum Maßstab der Zukunft, der heimliche Positivismus der alten Marxschen Theorie schlägt in einen heimlichen Konservatismus der Kritischen Theorie zurück.

Aber fast alles scheint diesen heimlichen Neokonservatismus – der eigentlich nur die unbeabsichtigte Nebenfolge bestimmter begrifflicher Schwierigkeiten in der Theoriekonstruktion ist – von dem unserer Tage zu unterscheiden. Marcuse war einfach zu klug, um nicht zu sehen, was der Preis für eine Zerstörung der bereits erkämpften sozialstaatlichen Zivilisierung des Kapitalismus wäre.

Die Kritik des Wohlfahrtsstaats im Sinne des Liberalismus und Konservatismus (ob mit dem Präfix ›Neo-‹ oder nicht) stützt sich in ihrer Gültigkeit auf das Vorhandensein eben der Bedingungen, über die der Wohlfahrtsstaat hinausgegangen ist – nämlich auf eine niedere Stufe des gesellschaftlichen Reichtums und der Technik. Die finsteren Aspekte dieser Kritik treten offen zutage im Kampf gegen eine umfassende Sozialgesetzgebung und angemessene Regierungsausgaben für andere Zwecke als solche militärischer Verteidigung.[12]

So dient die Denunziation der repressiven Macht des Wohlfahrtsstaates dazu, die repressiven Mächte »der Gesellschaft vor dem Wohlfahrtsstaat zu schützen«. Marcuse beschreibt den fortgeschrittenen Kapitalismus als »ein System des unterworfenen Pluralismus« und weist damit auf eine Degeneration des westlichen Pluralismus, einer vieldimensionalen Gesellschaft zu dem hin, was die Soziologen heute »Versäulung« und »Neokorporativismus« nennen. Aber er fügt unmißverständlich hinzu:

Und doch ist pluralistische Verwaltung für das verwaltete Individuum weit besser als totale. Eine Institution könnte vor der anderen schützen, eine Organisation die Einwirkung der anderen abschwächen; Möglichkeiten des Entkommens und der Abhilfe sind berechenbar. Die Herrschaft des Gesetzes, ganz gleich wie beschränkt, ist immer noch unendlich sicherer als eine Herrschaft über dem Gesetz oder ohne Gesetz.[13]

Der eindimensionale Mensch ist wohl dasjenige von Marcuses Büchern, das die breiteste Wirkung entfaltet hat und vor allem Einfluß auf die amerikanische und europäische Studentenbewegung gehabt hat. Die These von der fortgeschrittenen Industriegesellschaft, die dazu tendiert, totalitär in dem Sinne zu werden, daß sie bis in die private Sphäre hinein rationalisiert und verwaltet, in der die Technik zur Norm der Rationalität zu werden droht und das Potential an Naturbeherrschung und Vernichtung riesige Ausmaße angenommen hat, die den politischen Konformismus als Totentanz erscheinen lassen – diese These umreißt ein zeitdiagnostisches Panorama spätkapitalistischer Gesellschaften, das nicht unbedingt neu war, aber doch in seiner essayistischen Schärfe, in zahllosen plastischen Details aus der »verwalteten Welt« eine Fortsetzung der *Dialektik der Aufklärung* bot. Freilich – und das ist wohl das Geheimnis seines Einflusses – ergänzt um eben jene Dimensionen, die der negativen geschichtsphilosophischen Grundstimmung der *Dialektik der Aufklärung* nicht zu entreißen waren: die der möglichen Revolten.

Der eindimensionale Mensch wird durchweg zwischen zwei einander widersprechenden Hypothesen schwanken: 1. daß die fortgeschrittene Industriegesellschaft imstande ist, eine qualitative Änderung für die absehbare Zukunft zu unterbinden; 2. daß Kräfte und Tendenzen vorhanden sind, die diese Eindämmung durchbrechen und die Gesellschaft sprengen können.[14]

7. Rebellische Subjektivität: Politik und Protest

Marcuse hat seine philosophisch-materialistische Rekonstruktion der Freudschen Metapsychologie ausdrücklich als politisches Projekt bezeichnet und verstanden wissen wollen. 1966 schreibt er zu einer englischen Taschenbuchausgabe von *Eros and Civilization* ein »political preface«, ein politisches Vorwort, das die unüberhörbar optimistischen Töne des Buches noch einmal damit begründet, daß die gesellschaftliche Möglichkeit einer Befreiung vom Joch der zusätzlichen, nicht notwendigen Triebunterdrückung heute in einem Ausmaß realisierbar sein könnte, wie das früher gar nicht vorstellbar gewesen sei. Am Ende des Vorworts bezieht er sich dabei bereits auch auf empirische Tendenzen im Jugendprotest gegen die Gesellschaft, gegen deren Eskalationen der Todesdrohung in einem immer umfangreicher werdenden militärischen Vernichtungsapparat:

> Die intellektuelle Verweigerung kann Unterstützung in anderen Katalysatoren finden, in der instinktiven Verweigerung innerhalb der protestierenden Jugend. Es geht um ihr Leben, und wenn nicht um ihr Leben, so doch um ihr geistiges Wohlbefinden und ihre Fähigkeit, als unverstümmelte Menschen zu agieren. … ›Von Natur aus‹ sind die Jungen in vorderster Front derer, die leben und kämpfen für den Eros gegen den Tod, und gegen eine Gesellschaft, die darin wetteifert, den ›Umweg zum Tod‹ zu verkürzen, während sie die Mittel zum Verlängern des Umwegs unter Verschluß hält. … Heute ist der Kampf für das Leben, der Kampf für den Eros der politische Kampf.[1]

Von der politischen Dimension, von der Vorstellung einer nichtrepressiven Vernunft hat sich Marcuse nie getrennt, auch wenn manche Kritiker in seiner triebtheoretischen Konstruktion die Aufforderung zur Preisgabe der Vernunft fälschlich vermuteten. In einer scharfen Kritik wandte sich Marcuse an diejenigen, die gegen die Vernunft den Eros als unio mystica, mystizistische Regression feiern wollten, die den Kern seines Denkens, das Beharren auf realer Möglichkeit, auf Glück in der Wirklichkeit zurückbogen in die Vergeistigung des Eros im mystischen, also innerlichen Erleben. Die Kritik am neuen Mystizismus formulierte Marcuse in einer Erwiderung an Norman O. Brown, dessen Buch *Love's Body* für diese Entwicklung steht. Norman O. Brown entfaltet darin die Vorstellung von der Aufhebung aller Teilungen in einem Strom des Symbolischen, das jeder Eindeutigkeit entflieht, keine Wirklichkeit mehr bezeichnet: »Der Körper ist, wie der politische Körper, ein Theater; alles ist symbolisch, alles, auch der Geschlechtsakt«[2]. – »Das Wort im Wort, die ungehörte Melodie, die Geisterliedchen ohne Ton. Die Vergeistigung der Sinne, eine Wiederherstellung des unbefleckten sinnlichen Tuns der Menschen im Paradies. Bleibt der Erde treu; der Erde bleibt jedoch kein anderer Ausweg als unsichtbar zu werden: in uns«[3]. Dagegen hielt Marcuse:

Die symbolische Deutung interpretiert in beiden Richtungen: sie enthüllt den verborgenen, den wahren Inhalt der Wirklichkeit, und sie symbolisiert den wahren Inhalt: sie mystifiziert die Möglichkeiten der Befreiung. Revolution, Freiheit, Erfüllung werden ihrerseits symbolisch – symbolische Ziele und Geschehen. Symbolisch wofür? Die Antwort bleibt in Geheimnis gehüllt, muß es bleiben, da Brown ein Absolutes, eine Totalität, ein Ganzes im Sinn hat, das alle Teile und Trennungen, alle

Spannungen und alle Bedürfnisse, das heißt, alles Leben verschlingt. Denn eine solche Totalität gibt es in keinem Sinn oder Un-Sinn, und nicht einmal die freie Einbildungskraft sollte sie in Betracht ziehen, denn sie ist die Verneinung jeglicher Freiheit und jeglichen Glücks (wenigstens menschlichen Glücks). Sicherlich ist in der dialektischen Logik das Ganze die Wahrheit, jedoch ein Ganzes, bei dem alle Teile und Trennungen ihren Platz und ihre Bühne haben. Die Beziehungen zwischen ihnen, ihre spezielle Funktion, die verschiedenen Ebenen und Arten von Wirklichkeit und deren innere Entwicklung müssen aufgezeigt und definiert werden – erst dann, im endlosen Strom der Vermittlungen, der das Untere nach oben kehrt, erscheint das Wahre als der bacchantische Taumel: nüchterne Trunkenheit des Ganzen: Vernunft als Freiheit. Eine kritische, keine absolute Vision; eine neue Rationalität, nicht einfach die Verneinung der Rationalität.[4]

Nicht nur die Wirkungsgeschichte, sondern auch die Entwicklung seines Werkes belegt, daß Marcuse in *Triebstruktur und Gesellschaft* die zentralen Motive, Themen und Intentionen seines Denkens benannt hat. Immer wieder kehrt er zu Themen und Theorien aus *Triebstruktur und Gesellschaft* zurück, komplettiert und konkretisiert er Gedankenstränge aus diesem Werk. In seiner philosophisch begründeten Gesellschaftstheorie verschiebt er allenfalls intern die Gewichte: das Todesproblem umreißt er in einem späteren Aufsatz philosophiegeschichtlich, das psychoanalytisch gewonnene Modell einer »mütterlichen, libidinösen Moral« bindet er an den Feminismus, die ästhetische Dimension exploriert er später noch einmal in *Die Permanenz der Kunst*. Das Explosive an Marcuses Denken, das den Funken von der Moralphilosophie des Sollens zur politischen Handlung überspringen läßt, nimmt den Weg über die soziologische Analyse, über die zeitdiagnostische Einschätzung von Situationen, Verhältnissen und sozialen Bewegungen. Marcuse verstand sich als Philosoph in der Rolle des Intellektuellen, »als unverbesserlicher Philosoph, für den Philosophie und Politik untrennbar geworden sind«[5]. Ziel seines Denkens war:

> Befreiung kraft des Widerspruchs, den das System erzeugt, gerade weil es ein schlechtes, ein falsches System ist. Ich benutze hier absichtlich moralische, philosophische Begriffe, Werte wie ›schlecht‹ und ›falsch‹. Denn ohne ein objektiv zu rechtfertigendes Ziel einer besseren, einer freien menschlichen Existenz muß alle Befreiung sinnlos bleiben – sie ginge nicht hinaus über Fortschritte innerhalb der Knechtschaft. Ich glaube, daß auch für Marx Sozialismus etwas ist, das sein sollte. Dieser normative Zug gehört zum Wesen des wissenschaftlichen Sozialismus. Der Sozialismus *soll* sein.[6]

Das hegelianische Programm einer Vernunft, die in der Wirklichkeit ihren Platz hat, bestimmt Marcuses Blick auf die praktischen, die konkreten Gehalte von Philosophie und Gesellschaftstheorie, der normative Gehalt wird zum Wegweiser politischen Handelns: »Die Praxis folgt der Wahrheit«. Der geschärfte Blick für die internen Zugbrücken, die die Theorie mit der Praxis verbinden könnten, aber auch für die Falltüren, mit denen sich Theoriegebäude gegen das Telos der Befreiung dicht machen und damit affirmativ das schlechte Bestehende rechtfertigen, prägt einen Vortrag, in dem Marcuse die »Ideologie des Todes« in der Philosophiegeschichte analysiert. Hatte er in *Triebstruktur und Gesellschaft* vor allem die Problematik der Freudschen These vom Todestrieb einer immanenten Kritik unterzogen, so greift er in diesem Vortrag auf die philosophischen Todesvorstellungen zurück. Unter dem schönen Hegel-Motto: »Der Mensch stirbt auch aus Gewohnheit...«, beginnt er die verschiedenen historischen

Deutungen des Todes, die von der Feststellung des Todes als natürlichem, organischem Faktum ausgehen bis zum Telos des Todes als der Letztbestimmtheit des Lebens. Warum, so fragt er, wird ausgerechnet der Tod in der abendländischen Philosophie zum Telos des Lebens gemacht, wo sich doch sonst gerade die Philosophie so viel darauf zugute hält, die Überwindung und Beherrschung bloß natürlicher Notwendigkeit als die besondere Befähigung des menschlichen Daseins hervorzuheben?

Diese Tradition findet einen Abschluß in Heideggers Interpretation des menschlichen Daseins als der Antizipation des Todes. Dies war die jüngste und höchst passende Ermunterung zum Tod: genau zu der Zeit, als für die entsprechende Wirklichkeit des Todes die politischen Grundlagen gelegt wurden, für die Gaskammern und Konzentrationslager von Auschwitz, Buchenwald, Dachau, Bergen-Belsen.[7]

In der Tat müßte jeder Gedanke an den Tod als existentieller Kategorie des menschlichen Lebens an den Toren der nationalsozialistischen Vernichtungslager vor seinem eigenen, schlechten Idealismus erschrecken; daß er das nicht getan, sondern ganz im Gegenteil im Jargon der fünfziger Jahre noch teleologische Sinndeutungen des Massenmordes hervorgebracht hat, dafür hat Marcuse eine mächtige Tradition des abendländischen Denkens in der Idelogie des Todes ausgemacht:

Ein biologisches factum brutum voller Schmerz, Schrecken und Verzweiflung wird umgewandelt in ein existenzielles Privileg. Von Anfang bis Ende hat die Philosophie diesen seltsamen Masochismus an den Tag gelegt – und auch schon Sadismus, denn die Überhöhung des eigenen Todes schloß die Überhöhung des Todes der Anderen ein.[8]

Dies gilt vom Tod des Philosophen Sokrates, wie ihn Plato überliefert – als ambivalent gebliebener Hinweis auf den Zusammenhang von Tod und Herrschaft: Sokrates setzt seine Richter ins Unrecht, aber seine Philosophie des Todes anerkennt das Recht der Polis über den Einzelnen –, über Hegels Vorstellung vom Tod »als Auferstehung des Geistes aus seiner bloßen Natürlichkeit und unangemessenen Endlichkeit« bis schließlich zu Heideggers Konstrukt vom »Sein zum Tode«. Politisch wird die Todesdrohung zum Herrschaftsinstrument, so wie die Verfügungsgewalt über Leben und Tod zum Kern der Macht von Souverän und Staat wird. Das Festhalten an der Ideologie des Todes, die bereitwillige Hinnahme, das heimliche Einverständnis von Einzelnen und Kollektiven mit dem Tod, die Ontologisierung des Leids, von dem der Tod Befreiung bringen soll – Marcuse sieht darin Ideologie wirksam, auch deshalb, weil die realen Möglichkeiten des Kampfes gegen den Tod vorhanden sind:

> Die allmählich zunehmende Lebensdauer könnte Substanz und Charakter nicht nur des Lebens, sondern auch des Todes verändern. Der Tod würde keine ontologischen und moralischen Sanktionen mehr mit sich führen. Der Mensch würde den Tod primär als eine technische Grenze seiner Freiheit erfahren, und deren Überwindung würde anerkanntes Ziel individueller wie gesellschaftlicher Anstrengungen.[9]

Hier kehrt das frühe Motiv einer Umwandlung der transzendentalen, ontologischen, theologischen oder anthropologischen Grenzen menschlicher Freiheit in technische Grenzen an zentraler Stelle wieder.

> In steigendem Maße hätte der Tod an der Freiheit Anteil, und die Einzelnen bekämen die Macht, selbst über ihren Tod zu ent-

scheiden. Wie im Falle unheilbaren Leidens stünden die Mittel für einen Tod ohne Schmerz bereit. Gibt es andere als nur irrationale Gründe gegen eine solche Überlegung? Nur einen: ein Leben mit dieser Haltung gegenüber dem Tod wäre unverträglich mit den etablierten Institutionen und Wertsetzungen der Kultur.[10]

Politisch und gesellschaftlich lassen sich die Grenzen des Todes verschieben, läßt sich der »Umweg zum Tod« verlängern, aufhebbar ist er nicht. Die Unaufhebbarkeit ist Teil der biologischen Existenz der Menschen, der unversöhnlichen Dialektik von Natur und Mensch. In *Triebstruktur und Gesellschaft* wird die »ästhetische Dimension« zum Transmissionsriemen einer nichtrepressiven Vermittlung zwischen der naturhaften Basis und den sozialen Einrichtungen der Menschen. 1977 veröffentlicht Marcuse seinen Essay über *Die Permanenz der Kunst*, in dem er noch einmal die Eigenständigkeit, die Autonomie des Ästhetischen »wider eine bestimmte marxistische Ästhetik« verteidigt. Die »Idee des Schönen« als »Aspekt der Rekonstruktion von Natur und Gesellschaft« umschließt auch den Aspekt des Todes:

Trotzdem ist die Welt der Kunst durchherrscht vom Tode. Im Widerspruch zur schlechten Existenzphilosophie verschmäht es die Kunst, dem Tod einen Sinn zu geben. Ihr ist der Tod ständiger Zufall, ständiges Unheil – Drohung auch in den Augenblikken des Glücks, der Beschäftigung, der Tat. Alles Leiden wird in ihr Krankheit zum Tode – auch wo es heilbar ist. ... Die Ewigkeit der Lust geschieht durch den Tod der Invididuen. Und vielleicht dauert die Ewigkeit nicht sehr lange. Die Welt ist nicht für den Menschen gemacht, und sie ist nicht menschlicher geworden. Indem die Kunst diese Wahrheit festhält, indem sie mit dem Versprechen des Glücks auch diese Erinnerung bewahrt, kann sie als ›regulative Idee‹ in den verzweifelten Kampf für die Veränderung der Welt eingehen. Die Kunst würde dann dem Fetischismus der Produktivkräfte, der schlechten Technokratie und dem schlechten Materialismus entgegentreten – im Namen des Glücksanspruchs der Subjektivität, des freien Individuums.[11]

Die Permanenz der Kunst hat Marcuse seiner dritten Frau, Erica Sherover, gewidmet, die er 1976 heiratete. 1965 war sie seine Forschungsassistentin gewesen, zuvor seine Studentin. Ihrem Einfluß ist es wohl zuzuschreiben, daß Marcuse seine bereits in *Triebstruktur und Gesellschaft* angelegten Gedanken zur Qualität der Weiblichkeit, zur »mütterlichen libidinösen Moral«, nun auf die neue Frauenbewegung bezog. Unter dem Titel »Marxismus und Feminismus« veröffentlichte er den revidierten Text eines Vortrags, den er im März 1974 an der Stanford University auf Einladung des *Center for Research on Women* gehalten hatte. Die Thesen zur Weiblichkeit, die er darin entfaltet hat und die heftige Kontroversen innerhalb der Frauenbewegung ausgelöst haben, sind freilich im Kern nicht neu, sondern lassen sich in ihrem theoretischen Hintergrund auch schon aus *Triebstruktur und Gesellschaft* und der darin vorgenommenen Analyse der patriarchalischen Gesellschaft herauslösen. Neu aber war die direkte Bezugnahme auf die damals erstarkte Frauenbewegung, auf die feministische Forderung nach Autonomie und sozialer Anerkennung weiblicher Arbeit und Qualitäten. In seinem Aufsatz wird der Feminismus zum historischen Korrektiv des Sozialismus, zur Befreiung von der hierarchischen Dominanz der Produktivkräfte im klassischen, sozialistischen Gesellschaftsmodell:

Ich denke, es gibt gute Gründe dafür, diese Vorstellung von einer sozialistischen Gesellschaft ›feministischer Sozialismus‹ zu nennen: die Frau hätte in der allgemeinen Ausbildung ihrer

> Fähigkeiten die volle ökonomische, politische und kulturelle Gleichberechtigung erreicht, und auf der Basis dieser Gleichberechtigung wären sowohl soziale als auch persönliche Beziehungen, der Mensch und sein Verhalten zur Natur, durchdrungen von der rezeptiven Sinnlichkeit, die unter männlicher Herrschaft größtenteils in der Frau konzentriert war: die Antithese ›maskulin-feminin‹ wäre dann zu einer Synthese geworden – die legendäre Vorstellung vom Androgynismus. ...
> Aber auf keiner Stufe der androgynen Fusion werden jemals die natürlichen Unterschiede zwischen Mann und Frau als Individuen erlöschen. Unaufgehoben und unangetastet bliebe diese Differenz in der Beziehung zum anderen, von dem man ein Teil werden will und von dem man will, daß er ein Teil von einem selbst wird, und der doch niemals ein Teil von einem selbst werden kann und werden wird: der auch im Eros unaufhebbare Widerspruch.[12]

Konfliktuöse Debatten entspannen sich um das Problem, ob die Zuschreibung sogenannter »weiblicher« Eigenschaften wie Rezeptivität, Leidenschaft usw. nicht wiederum die Frauen auf die historisch festgeschriebenen Muster der Weiblichkeit fixiere und letzten Endes auf Wesensdifferenzen mehr angelegt sei als auf die Analyse ihrer sozialen Bedingungen. Ein solcher Einwand freilich träfe keineswegs nur auf Marcuses Feminismus-Aufsatz zu, sondern zielt auf den »mythologischen« Zug in Marcuses Denken insgesamt. Faßt man Marcuses Denkfiguren in einem Bild, dann könnte man sagen: Der »harte Kern des Traums« ist von der metallenen Härte der Rationalität, und nur da, wo er auf ein soziales Magnetfeld in der Wirklichkeit trifft, senkt er sich aus dem Ideenhimmel herab auf die Welt. Das aber ist durchaus ein gängiges Motiv der Kritischen Theorie, das nämlich von der Verschobenheit, der Ungleichzeitigkeit, in der Glücksanspruch und Wirklichkeit aneinander vorbeiagieren. Die Konstellation, in der Utopie und Wirklichkeit eins werden, sah Adorno schließlich nur noch in der Realität der Kunst aufgehoben, Marcuse in der Revolte.

Wesentlichen Anteil an der in den sechziger Jahren konkreter und eindeutiger werdenden politischen und öffentlichen Beteiligung Marcuses an den aktuellen Debatten hat sicherlich seine zweite Frau, Inge Neumann, gehabt. Inge Neumann, die in erster Ehe mit dem Rechtshistoriker des Instituts für Sozialforschung, Franz Neumann, verheiratet war, stammte bereits aus einem linksliberalen Elternhaus. Ihr Vater war Pazifist und sozialdemokratisch eingestellt, in seiner Eigenschaft als Jurist verteidigte er sich und andere wegen »unpatriotischer Umtriebe«. Inge Neumann arbeitete als Lehrerin und war bis zu ihrem Tod 1973 wohl die engste und einflußreichste Diskutantin von Marcuses Werk. Als Marcuse nach ihrem Tod (sie starb wie seine erste Frau Sophie an Krebs) ganz in der Trauer um sie zu versinken drohte, waren es, so erklärte er später, vor allem die Frauen, die ihm in Gesprächen halfen, wieder ins Leben zurückzukehren. Aus dieser Erfahrung heraus begann für ihn die Beschäftigung mit dem Feminismus. »Feminismus und Marxismus« war in der Tat der erste neue Text, mit dem er nach dem Tod Inge Marcuses wieder an die Öffentlichkeit trat.

Kommen wir noch einmal zurück auf die sechziger Jahre, auf Marcuses Diagnose des »eindimensionalen Menschen«, der Integrationskraft der fortgeschrittenen Industriegesellschaft und der Sprengkraft, die sich am Rande dieser Gesellschaft aufbaut:

Unter der konservativen Volksbasis befindet sich jedoch das Substrat der Geächteten und Außenseiter: die Ausgebeuteten und Verfolgten anderer Rassen und anderer Farben, die Arbeitslosen und die Arbeitsunfähigen. Sie existieren außerhalb des demokratischen Prozesses; ihr Leben bedarf am unmittelbarsten und realsten der Abschaffung unerträglicher Verhältnisse und Institutionen. Damit ist ihre Opposition revolutionär, wenn auch nicht ihr Bewußtsein. Ihre Opposition trifft das System von außen und wird deshalb nicht durch das System abgelenkt; sie ist eine elementare Kraft, die die Regeln des Spiels verletzt und es damit als ein aufgetakeltes Spiel enthüllt. Wenn sie sich zusammenrotten und auf die Straße gehen, ohne Waffen, ohne Schutz, um die primitivsten Bürgerrechte zu fordern, wissen sie, daß sie Hunden, Steinen und Bomben, dem Gefängnis, Konzentrationslagern, selbst dem Tod gegenüberstehen. Ihre Kraft steht hinter jeder politischen Demonstration für die Opfer von Gesetz und Ordnung. Die Tatsache, daß sie anfangen, sich zu weigern, das Spiel mitzuspielen, kann die Tatsache sein, die den Beginn des Endes einer Periode markiert.[13]

Darüber darf freilich nicht vergessen werden, daß das, was Marcuse unter rebellischer Subjektivität verstand, nicht nach den Maßstäben doppelter Moral gemessen werden kann. Denn so sehr er noch die Rebellion »ohne Bewußtsein« verteidigte, wenn sie von »außen«, »nicht durch das System gelenkt« oder abgelenkt wurde, so sehr beharrte er auch auf der moralischen Verantwortung des Einzelnen, des Individuums, das sich Absolution nicht erhoffen kann durch die »objektive Lage«, durch den Zwang, den blinden Zwang der »Verhältnisse«. Die Differenz zum schlechten Realismus, zur bloßen realpolitischen Pragmatik charakterisiert nicht nur den Kern des Marcuseschen Denkens als zwischen Utopie und Wirklichkeit im Insistieren auf dem »harten Kern« vermittelnd, es charakterisiert auch sein Festhalten an moralischen Kategorien, am »richtigen« und »falschen« Handeln, für das sich jeder selbst rechtfertigen muß.

Nicht weniger einflußreich als *Der eindimensionale Mensch* war ein Essay, dessen Titel zum Begriff wurde: »Repressive Toleranz« aus dem Jahre 1965. In ihm untersucht Marcuse den Widerspruch, in den die »liberale Funktion der Toleranz« im historischen Verlauf der zunehmend totalitärer organisierten ökonomischen und politischen Struktur gerät. Ihr Anspruch auf Allgemeinheit, der universalistische Kern, gerät ins Ungleichgewicht. Die »repressive Toleranz« ist die der Systemintegration, die wirkliche Opposition nicht mehr umfaßt; die Forderung nach einem »Widerstandsrecht«, das interne Gleichheit herstellt, bleibt abstrakt:

Es gibt kein derartiges Recht für irgendeine Gruppe oder ein Individuum gegen eine verfassungsmäßige Regierung, die von der Mehrheit der Bevölkerung getragen wird, und es kann ein solches Recht auch nicht geben. Aber ich glaube, daß es für unterdrückte und überwältigte Minderheiten ein ›Naturrecht‹ auf Widerstand gibt, außergesetzliche Mittel anzuwenden, sobald die gesetzlichen sich als unzulänglich herausgestellt haben. ... Es gibt keine anderen Richter über ihnen außer den eingesetzten Behörden, der Polizei und ihrem eigenen Gewissen. Wenn sie Gewalt anwenden, beginnen sie keine neue Kette von Gewalttaten, sondern zerbrechen die etablierte. Da man sie schlagen wird, kennen sie das Risiko, und wenn sie gewillt sind, es auf sich zu nehmen, hat kein Dritter, und am allerwenigsten der Erzieher und Intellektuelle, das Recht, ihnen Enthaltung zu predigen.[14]

1967, anläßlich einer Diskussion in Berlin »Über das Problem der Gewalt in der Opposition«, geht Marcuse noch einmal auf dies Thema ein: Wenn es ein Widerstandsrecht gibt, sei ein solches Recht nur wie das klassische Naturrecht als allgemein gültiges, alle Klassen- und Gruppeninteressen überschreitendes vorstellbar. Auch wenn wir es heute nicht mehr Naturrecht nennen, so muß doch das, was unter bestimmten Umständen eine Verletzung positiven Rechts legitimieren könnte, mehr sein als etwas, »das wir selbst« subjektiv, unseren Interessen gemäß »definiert haben«:

Wenn wir uns berufen auf das Recht der Humanität auf Frieden, auf das Recht der Humanität, die Ausbeutung und Unterdrükkung abzuschaffen, dann sind das nicht selbstdefinierte spezielle Gruppeninteressen, sondern in der Tat Interessen, die als allgemeines Recht demonstrierbar sind.[15]

Charakteristisch für sein öffentliches, politisches Auftreten als Intellektueller, dem Politik nicht die wertfreie Zone rein instrumentellen Handelns nach Interessenlage sein kann, ist sein Kommentar in der New York Times vom 13. Mai 1971, »Überlegungen zu Calley«, jenem Leutnant Calley, der in die Geschichte des amerikanischen Vietnam-Krieges als der Verantwortliche für das Massaker von My Lai eingegangen ist:

Die obszöne Hast, mit der große Teile der amerikanischen Bevölkerung sich beeilten, einen des vielfachen vorsätzlichen Mordes an Männern, Frauen und Kindern überführten Mann zu verteidigen, der obszöne Stolz, mit dem sie sich sogar selbst mit ihm identifizierten, das ist einer der seltenen historischen Augenblicke, die eine verborgene Wahrheit enthüllen.

In den öffentlichen Entschuldigungen und Verteidigungen Calleys findet Marcuse nur ein Argument, das die Diskussion lohnt, und er weist es entschieden zurück: Es ist das (auch bei einer utilitaristisch denkenden Linken) beliebte Argument, daß nicht der Täter schuldig sei, sondern sein Sozialisationsmilieu, die schlechte Gesellschaft.

Wenn das Argument impliziert, daß alle einzelnen Mitglieder

der Gesellschaft schuldig sind, dann ist es offensichtlich falsch und dient nur dazu, die wahren Schuldigen zu schützen. ...
Gewiß, in einem ›metaphysischen‹ Sinn ist jeder, der an dieser Gesellschaft partizipiert, in der Tat schuldig – aber der Fall Calley ist keine Fallstudie in Metaphysik. ... Wenn es wahr ist, daß Calleys Tat kein Einzelfall war, sondern ein fast schon alltägliches Ereignis in Vietnam, ... dann liegt die Verantwortung bei den Offizieren und Kommandeuren, in letzter Instanz beim Oberbefehlshaber der amerikanischen Armee. Aber das ändert nichts an der Verantwortlichkeit der einzelnen Täter. ...
Das wahnsinnige Abrücken von individueller Verantwortung, die eilige Anonymisierung der Schuld sind verzweifelte Reaktionen gegen eine Schuld, die droht, unerträglich zu werden. Infantile Regression: Billy darf nicht bestraft werden, weil Maxie und Charlie und viele andere dasselbe getan haben; sie tun es täglich, und sie sind nicht bestraft worden. Menschen, die zur simpelsten Erwachsenenlogik unfähig geworden sind: wenn Maxie und Charlie dasselbe getan haben, sind sie genauso schuldig und Billy ist nicht unschuldig.[16]

Die interne Struktur von Marcuses Argumentation zeigt deutlich, daß er sein philosophisches Erbe für ein politisches hielt. Der Kantische Kategorische Imperativ lag ihm da näher als ein subjektiver Materialismus.

* * *

Obwohl Herbert Marcuse das Zentrum seines Ruhmes in den Vereinigten Staaten von Amerika gefunden hat, obwohl er im Gegensatz zu vielen anderen Emigranten nicht mehr nach Deutschland zurückkehren mochte, blieb er ein durch und durch europäischer Denker, dessen Wurzeln so tief im deutschen Idealismus steckten, daß er sich mit den Strömungen angloamerikanischen Philosophierens vorwiegend kritisch auseinandersetzte. Wie tief nicht nur seine geistige, sondern auch seine persönliche Bindung an Deutschland geblieben war, wird in einem Interview deutlich, das er kurz vor seinem Tod am 29. Juni 1979 in Starnberg Jean Marabini, einem französischen Marcuse-Spezialisten und Freund, gegeben hat:

Wir müssen unsere Diskussionen über die ›Neue Rechte‹ und über die ›neuen Philosophen‹, die ich für komische Helden Moliéres und für Snobs halte, wieder aufnehmen. Sicher, ich würde gerne Venedig und Padua wiedersehen, Nachforschungen anstellen über Negri und die Roten Brigaden. All diese Gewalt, all diese Grausamkeit, das muß man analysieren, erklären, entwaffnen und transzendieren. Trotzdem habe ich ein bißchen Angst, an der Hitze in Venedig zu sterben, wie die Figur bei Thomas Mann. Wenn ich abtreten muß, so ziehe ich es vor, in meinem Deutschland zu bleiben. Du weißt, mein ganzes Leben habe ich ausschließlich an Eros und Thanatos, an den Lebens- und den Todestrieb geglaubt. Ich glaube, jetzt ist die Stunde meines letzten Rendezvous mit dem Tod gekommen, ich habe mich damit abgefunden. [17]

Vorausgegangen war dem Besuch in Starnberg bei Jürgen Habermas der letzte öffentliche Auftritt Marcuses vor seinem Tod. Am 18. Mai hielt er bei den Frankfurter Römerberg-Gesprächen einen Vortrag über »Die Revolte der Lebenstriebe« und den Begriff des Fortschritts. Sein Gesundheitszustand war labil, und in einem Frankfurter Krankenhaus bekam der 81-jährige einen neuen Herzschrittmacher. Als er in Starnberg ankam, schien er sich wieder erholt zu haben, aber er selbst machte sich wohl keine großen Hoffnungen mehr, das »letzte Rendezvous mit dem Tod« noch lange herausschieben zu können.

»Was Marcuse in den letzten zwölf Monaten seines Lebens ... am meisten beschäftigte und sogar eine radikale Revision seiner vorigen ästhetischen Ansichten erwägen ließ«, so schrieb sein Freund und Universitäts-Kollege aus San Diego, Reinhard Lettau, in einem Nachruf für die Zeitschrift *Stern*, »waren die Konsequenzen der Rezeption von *Holocaust* und, hiermit zusammenhängend, die bekannte Frage der Dichtung nach Auschwitz. Hierüber forderte er dauernd Material und Diskussionen, korrespondierte viel. Schwierigkeiten hatte er mit einer Literatur, die durch Darstellung von Gewalt ›Auschwitz privatisiert‹, aber auch mit einer neuen Romantik, in der keine Erinnerung mehr an das Grauen war. – Unter den Lebenden waren Peter Weiss und Samuel Beckett seine liebsten Schriftsteller, und er war sehr geehrt durch ein Gedicht, welches Beckett zu seinem 80. Geburtstag im vorigen Jahr in den *Akzenten* veröffentlichte. Nie, solange ich ihn kannte, war er so wenig in der Lage, seine Rührung zu verbergen, wie bei unserer letzten Mahlzeit in La Jolla: Plötzlich hörte er auf zu essen und erzählte mir, daß Beckett von einem Kritiker gefragt worden sei, was die Struktur seiner Dichtung sei. ›Die Struktur meines Schreibens kann ich Ihnen erklären‹, antwortete er. ›Ich lag einmal im Krankenhaus, und im Zimmer nebenan schrie eine Sterbende die ganze Nacht. Dieses Schreien ist die Struktur meines Schreibens‹«[18].

Zu seinem 80. Geburtstag schrieb Samuel Beckett für Herbert Marcuse ein Gedicht[19]:

pas á pas	(Schritt vor Schritt
nulle part	nirgendwohin
nul seul	kein einziger
ne sait comment	weiß wie
petits pas	kleine Schritte
nulle part	nirgendwohin
obstinément	hartnäckig)

Anhang

Anmerkungen

1. Ausgangspunkte

1 Revolution oder Reform – Herbert Marcuse und Karl Popper. Eine Konfrontation. Hg. v. F. Stark, München 1971, S. 4
2 Zit. nach B. M. Katz, Praxis and Poiesis – An Intellectual Biography of Herbert Marcuse, Ms. 1980, S. 29 (erschienen u. d. T.: Herbert Marcuse and the Art of Liberation, London 1982)
3 H. Marcuse, Über Revolte, Anarchismus und Einsamkeit – Ein Gespräch, Zürich 1969, S. 41
4 So der Untertitel von *Der eindimensionale Mensch*, Neuwied 1967
5 H. Marcuse, Der deutsche Künstlerroman. In: Schriften, Bd. 1, Frankfurt/M. 1978, S. 333
6 G. W. F. Hegel, Ästhetik I/II, Stuttgart 1971, S. 264 ff, 369 f
7 G. Lukács, Die Theorie des Romans, Darmstadt 1971, S. 21 f
8 H. Marcuse, Der deutsche Künstlerroman, a. a. O., S. 9 f
9 Ebenda, S. 17
10 G. Lukács, Die Theorie des Romans, a. a. O., S. 30
11 H. Marcuse, Der deutsche Künstlerroman, a. a. O., S. 48
12 Ebenda, S. 201
13 Ebenda, S. 182
14 Ebenda, S. 179
15 Ders., Mystifizierung der Liebe: Eine Kritik an Norman O. Brown. In: N. O. Brown, Love's Body, München 1977, S. 239
16 H. Marcuse, Über den affirmativen Charakter der Kultur. In: Kultur und Gesellschaft 1, Frankfurt/M. 1965, S. 99 ff
17 Ebenda, S. 101
18 Ders., Triebstruktur und Gesellschaft, Frankfurt/M. 1965, S. 163
19 Ebenda, S. 195 ff, 219 ff

20 Zu diesem an Adornos *Negativer Dialektik* gewonnenen Begriff vgl. K. Günther, Dialektik der Aufklärung in der Idee der Freiheit. In: Zeitschrift für philosophische Forschung 2/1986
21 H. Marcuse, Versuch über die Befreiung, Frankfurt/M. 1969, S. 72 f, 46 ff; ders., Der eindimensionale Mensch, a. a. O., S. 161, 238 ff; ders., Triebstruktur und Gesellschaft, a. a. O., S. 107 ff, 129 ff; vgl. auch ders., Psychoanalyse und Politik, Frankfurt/M. 1968
22 Ders., Versuch über die Befreiung, a. a. O., S. 54
23 Ders., Konterrevolution und Revolte, Frankfurt/M. 1973, S. 79
24 Sam Keen and John Raser, A Conversation with Herbert Marcuse. In: Psychology Today, Feb. 1971, S. 62
25 H. Marcuse, Der eindimensionale Mensch, a. a. O., S. 82 f
26 Ders., Konterrevolution und Revolte, a. a. O., S. 140 f

2. Heideggermarxismus

1 H. Marcuse, Zum Problem der Dialektik I. In: Schriften 1, a. a. O., S. 409 f
2 Ebenda, S. 410
3 Ebenda; vgl. auch ders., Zum Problem der Dialektik II. In: Schriften 1, a. a. O., S. 435 f
4 M. Heidegger, Sein und Zeit, Tübingen 1977, S. 126 ff, 129, 267 ff, 272 ff, 296
5 H. Marcuse, Über konkrete Philosophie. In: Schriften 1, a. a. O., S. 395
6 Ebenda, S. 394
7 H. Marcuse, Zum Problem der Dialektik I, a. a. O., S. 421
8 M. Heidegger, Sein und Zeit, a. a. O., S. 38
9 H. Marcuse, Heidegger's Politics: An Interview. In: Graduate Faculty Philosophy Journal, New School for Social Research, New York 1977, S. 40 (unsere Übersetzung)
10 Ders., Über konkrete Philosophie, a. a. O., S. 403 f
11 Ders., Zur Kritik des Hedonismus (1938). In: Schriften 3, Frankfurt/M. 1979, S. 256
12 Rezension von Th. W. Adorno in: Zeitschrift für Sozialfor-

schung 1/1932, S.409f
13 H. Marcuse, Das Problem der geschichtlichen Wirklichkeit. In: Schriften 1, a.a.O., S.484
14 Ders., Philosophie des Scheiterns. Wiederabgedruckt in: H. Saner (Hg.), Karl Jaspers in der Diskussion, München 1973, S.131
15 Ders., Neue Quellen zur Grundlegung des Historischen Materialismus. In: Schriften 1, a.a.O., S.543
16 Ders., Beiträge zu einer Phänomenologie des Historischen Materialismus. In: Schriften 1, a.a.O., S.382
17 H. Brunkhorst, Der Intellektuelle im Land der Mandarine, Frankfurt/M. 1987, S.48ff, 60ff, 65ff
18 H. Marcuse, Philosophie des Scheiterns, a.a.O., S.132
19 Ders., Der Kampf gegen den Liberalismus in der totalitären Staatsauffassung. In: Kultur und Gesellschaft 1, Frankfurt/M. 1965, S.55
20 Ders., Heidegger's Politics, a.a.O., S.33
21 Ders., Neue Quellen..., a.a.O., S.535
22 St. Breuer, Die Krise der Revolutionstheorie, Frankfurt/M. 1977, S.263

3. Kritische Theorie

1 J. Habermas, S. Bovenschen u.a., Gespräche mit Herbert Marcuse, Frankfurt/M. 1978, S.12f
2 B. Magee, Marcuse and the Frankfurt School – Dialogue with Herbert Marcuse. In: Men of Ideas, London 1978, S.69 (unsere Übersetzung)
3 J. Habermas, S. Bovenschen u.a., Gespräche..., a.a.O., S.20
4 Th.W. Adorno, Wissenschaftliche Erfahrungen in Amerika. In: Stichworte – Kritische Modelle 2, Frankfurt/M. 1969, S.113
5 H. Marcuse, Vernunft und Revolution, Neuwied 1962, S.11f
6 Ders., Philosophie und kritische Theorie. In: Zeitschrift für Sozialforschung 6/1937
7 Vgl. M. Horkheimer, Traditionelle und kritische Theorie (in: Zeitschrift für Sozialforschung 6/1937, S.245ff), mit: Hork-

heimer/Marcuse, Philosophie und kritische Theorie (ebenda, S. 625 ff), mit einem ersten Teil von Horkheimer und einem zweiten (s. o., Anm. 6) von Marcuse, wobei der erste Teil (Horkheimer) auf den zweiten (Marcuse), den Bezugstext (Traditionelle und kritische Theorie) korrigierend, reagiert. Dazu siehe im einzelnen: H. Brunkhorst, Dialektischer Positivismus des Glücks. Max Horkheimers materialistische Dekonstruktion der Philosophie. In: Zeitschrift für philosophische Forschung 3/1985, S. 370 ff

8 H. Marcuse, Philosophie und kritische Theorie, a. a. O., S. 632, 635, 643 f

9 Ebenda, S. 632, 637, 639, 641

10 Ebenda, S. 636

11 Ders., Zur Kritik des Hedonismus, a. a. O., S. 268

12 Ebenda, S. 250

13 H. Dubiel, Herbert Marcuse. In: Kölner Zeitschrift für Soziologie und Sozialpsychologie 32/1980, S. 195

14 H. Marcuse, a. a. O., S. 282

15 Ders., Philosophie und kritische Theorie, a. a. O., S. 647

16 Ders., Zur Kritik des Hedonismus, a. a. O., S. 282

17 Ders., Philosophie und kritische Theorie, a. a. O., S. 632

18 Ders., Triebstruktur und Gesellschaft, a. a. O., S. 40

19 Ders., Philosophie und kritische Theorie, a. a. O., S. 644

20 Th. W. Adorno, Prismen. Kulturkritik und Gesellschaft, Frankfurt/M. 1955, S. 110

21 H. Marcuse, Philosophie und kritische Theorie, a. a. O., S. 645

22 Ders., Zur Kritik des Hedonismus, a. a. O., S. 262

23 Ebenda, S. 284

24 Ebenda, S. 284 f

25 Ders., Triebstruktur und Gesellschaft, a. a. O., S. 195 ff

26 Vgl. M. Horkheimer, Egoismus und Freiheitsbewegung. In: Zeitschrift für Sozialforschung 5/1936. Es ist dieser Essay Horkheimers, der auf Marcuse immer den größten Eindruck gemacht hat und den er immer für dessen besten hielt

27 H. Marcuse, Zur Kritik des Hedonismus, a. a. O., S. 276

28 Ders., Industrialisierung und Kapitalismus im Werk Max

Webers. In: Kultur und Gesellschaft 2, Frankfurt/M. 1965, S.129

29 Ders., Philosophie und kritische Theorie, a.a.O., S.645

30 Vgl. O. Negt, Soziologische Phantasie und exemplarisches Lernen, Frankfurt/M. 1968

31 H. Marcuse, Philosophie und kritische Theorie, a.a.O., S.634f, 642

32 Ders., Einige gesellschaftliche Folgen moderner Technologie. In: Schriften 3, a.a.O., S.318

33 Ders., Zur Kritik des Hedonismus, a.a.O., S.279

4. Vernunft und Revolution

1 H. Marcuse, Hegels Ontologie und die Theorie der Geschichtlichkeit, Frankfurt/M. 1968, S.180, 229, 251, 340; zu einer ähnlichen Interpretation der Reflexion als Sich-verhalten von Lebendigem vgl. H.-G. Gadamer, Hegels Dialektik, Tübingen 1980

2 Ebenda, S.229; vgl. auch S.350f

3 Ebenda, S.280. Objektaneignung durch Arbeit ist »Gier nach dem eigenen Sein« (S.277). Auf den Gesichtspunkt einer streng »immanenten Transzendenz« durch überschreitende soziale Praxis kommt Marcuse in seinen Schriften häufig zurück. Er spielt auch eine zentrale Rolle in Jean-Paul Sartres Philosophie

4 Ebenda, S.282; vgl. auch S.280 und 288. Den Vorrang des wir-haften Geschehens betont später auch Sartre: »Man muß ›wir‹ sagen können, um ›ich‹ sagen zu dürfen.« Weder bei Sartre noch bei Marcuse läuft das freilich auf irgendeine Form von »Kollektivismus« hinaus. Im Gegenteil. In dem zitierten Text (Von Ratten und Menschen, Vorwort zu: André Gorz, Der Verräter, Frankfurt/M. 1980, S.40) fügt Sartre ausdrücklich hinzu, daß der transzendentale und normative Vorrang des »wir« vor dem »ich« keinen Kurzschluß auf die Politik zuläßt: »Aber der umgekehrte Satz ist ebenfalls wahr: wenn irgendeine Gewaltherrschaft, um zunächst das ›wir‹ einführen zu können, die Individuen der

subjektiven Reflexion berauben würde, würde die gesamte Innerlichkeit sich mit einem Schlag verflüchtigen, und mit ihr die wechselseitigen Beziehungen: *Sie*«, nämlich die anderen, die nach Sartre die Hölle sind, »hätten für immer gewonnen, und wir würden niemals aufhören, im Experimentallabyrinth herumzulaufen, irrsinnige Nagetiere, eine Beute der Vampire.«

5 H. Marcuse, Vernunft und Revolution, a. a. O., S. 16
6 Ebenda, S. 80
7 G. W. F. Hegel, Enzyklopädie der philosophischen Wissenschaften I, § 158-159
8 H. Marcuse, Die Gesellschaftslehre des sowjetischen Marxismus, Neuwied 1964, S. 149
9 Ders., Vernunft und Revolution, a. a. O., S. 34f
10 Ders., Der eindimensionale Mensch, a. a. O., S. 139
11 Ders., Vernunft und Revolution, a. a. O., S. 165f
12 Ebenda, S. 149f
13 Ebenda, S. 321
14 Ebenda, S. 208
15 Ders., Studie über Autorität und Familie. In: Ideen zu einer kritischen Theorie der Gesellschaft, Frankfurt/M. 1969, S. 58f
16 Ders., Vernunft und Revolution, a. a. O., S. 289
17 Ebenda, S. 36
18 Ders., Einige gesellschaftliche Folgen moderner Technologie. In: Schriften 3, a. a. O., S. 289ff
19 Ders., Der eindimensionale Mensch, a. a. O., S. 11; vgl. S. 29
20 Ders., Vernunft und Revolution, a. a. O., S. 282

5. Eros und Kultur

1 H. Marcuse, Zur Kritik des Hedonismus, a. a. O., S. 283
2 Ders., Einige gesellschaftliche Folgen moderner Technologie, a. a. O., S. 309
3 Vgl. A. Söllner, Zur Archäologie der Demokratie in Deutschland, Frankfurt/M. 1982; R. Erd (Hg.), Reform und Resignation, Frankfurt/M. 1985

4 J. Habermas, S. Bovenschen u.a., Gespräche mit Herbert Marcuse, a.a.O., S. 21

5 H. Marcuse, Der eindimensionale Mensch, a.a.O., S. 11

6 Ders., Triebstruktur und Gesellschaft, a.a.O., S. 10f

7 Ders., Existentialismus. In: Kultur und Gesellschaft 2, a.a.O., S. 74

8 Ebenda, S. 73

9 Ders., Über den affirmativen Charakter der Kultur. In: Kultur und Gesellschaft 1, a.a.O., S. 84f

10 K. Marx, Pariser Manuskripte 1844, Reinbek 1966, S. 75

11 Ebenda, S. 117

12 M. Horkheimer, Ernst Simmel und die Freudsche Philosophie. In: B. Görlich, A. Lorenzer, A. Schmidt, Der Stachel Freud. Beiträge und Dokumente zur Kulturalismus-Kritik, Frankfurt/M. 1980, S. 141f

13 H. Marcuse, Triebstruktur und Gesellschaft, a.a.O., S. 27

14 Ebenda, S. 132

15 Ebenda, S. 129f

16 Ebenda, S. 160f

17 Ebenda, S. 185, 187f

18 Ebenda, S. 130, 190

19 Ebenda, S. 226

20 Ebenda, S. 228

21 Ders., Die Idee des Fortschritts im Licht der Psychoanalyse. In: Psychoanalyse und Politik, Frankfurt/M., Wien 1968, S. 41

22 Ebenda, S. 47

23 Vgl. ders., Das Verhalten der Psychoanalyse. In: Kultur und Gesellschaft 2, a.a.O., S. 85ff

24 Ders., Trieblehre und Freiheit. In: Psychoanalyse und Politik, a.a.O., S. 24

6. Der eindimensionale Mensch

1 Vgl. hierzu die instruktive Studie von M. Löwy, Marcuse and Benjamin: The Romantic Dimension. In: Telos 44/1980, S. 25ff

2 So lautet der Untertitel von *Der eindimensionale Mensch*, aber es handelt sich in der Tat um eine ganze Reihe von Aufsätzen zu diesem Thema, deren ältester Vorläufer die Studie über »Einige gesellschaftliche Folgen der modernen Technologie« (a.a.O.) von 1941 ist. Vgl. auch aus den sechziger Jahren zu Husserl: On Science and Phenomenology, in: Boston Studies in the Philosophy of Science 2/1965, S. 279ff; zu Weber: Industrialisierung und Kapitalismus im Werk Max Webers, a.a.O.; zur These von den zwei Kulturen (P. Snow): Bemerkungen zu einer Neubestimmung der Kultur, in: Kultur und Gesellschaft 2, a.a.O., S. 147ff; ferner: Über das Ideologieproblem in der hochentwickelten Industriegesellschaft, in: K. Lenk (Hg.), Ideologie, Neuwied/Berlin 1967, S. 382ff

3 W. Schluchter, Die Paradoxie der Rationalisierung. In: Zeitschrift für Soziologie 3/1976, S. 257

4 J. Habermas, Talcott Parsons – Probleme der Theoriekonstruktion. In: Lebenswelt und soziale Probleme, Frankfurt/M., New York 1981, S. 46

5 H. Marcuse, On Science and Phenomenology, a.a.O., S. 279ff; vgl. auch ders., Der eindimensionale Mensch, a.a.O., S. 159ff, bes. 167ff

6 Ders., Der eindimensionale Mensch, a.a.O., S. 29

7 C. Offe, Die Utopie der Null-Option. In: J. Berger (Hg.), Die Moderne – Kontinuitäten und Zäsuren. Soziale Welt, Sonderbd. 4, Göttingen 1986, S. 100

8 Ebenda, S. 106

9 H. Marcuse, Konterrevolution und Revolte, a.a.O.; vgl. auch ders., The Movement in a New Era of Repression. In: Berkeley Journal of Sociology, Vol. XVI/1971-72, S. 1ff

10 Ders., Der eindimensionale Mensch, a.a.O., S. 11ff

11 Ebenda, S. 76ff

12 Ebenda, S. 70f

13 Ebenda

14 Ebenda, S. 17

7. Rebellische Subjektivität: Politik und Protest

1 H. Marcuse, Political Preface 1966. In: Eros and Civilisation, Abacus Edition 1966, S. 19

2 Auch im avantgardistischen Gewand bleiben »Body Politics« so konservativ wie die vormoderne Theorie des Politischen, die Politik und Gesellschaft noch naiv als Körper konzeptualisiert hatte (vgl. auch die Rede von den »politischen Körperschaften«, die semantisches Überbleibsel des politischen Aristotelismus ist). Das Zitat stammt aus: N. O. Brown, Love's Body, a. a. O., S. 120

3 Ebenda, S. 225

4 H. Marcuse, Mystifizierung der Liebe, a. a. O., S. 242 ff

5 Ders., Befreiung von der Überflußgesellschaft. In: Kursbuch 16/1969, S. 185

6 Ebenda

7 Ders., Die Ideologie des Todes. In: H. Ebeling (Hg.), Der Tod in der Moderne, Köln 1979, S. 109

8 Ebenda, S. 108

9 Ebenda, S. 110

10 Ebenda

11 Ders., Die Permanenz der Kunst. Wider eine bestimmte marxistische Ästhetik. Ein Essay, München 1977, S. 73 f

12 Ders., Marxismus und Feminismus. In: Zeit-Messungen, Frankfurt/M. 1975, S. 19

13 Ders., Der eindimensionale Mensch, a. a. O., S. 267

14 Ders., Repressive Toleranz. In: R. P. Wolff, B. Moore, H. Marcuse, Kritik der reinen Toleranz, Frankfurt/M. 1973, S. 127. Marcuse setzt ausdrücklich »Naturrecht« in Anführungszeichen, und, wie das folgende Zitat zeigt, er greift zur Begründung zivilen Ungehorsams auf die moralischen Strukturen eines postnaturalistischen, kantischen Universalismus zurück. Seine politischen Divergenzen mit Adorno, was die Einschätzung der Studentenbewegung betrifft, hat Marcuse in einem Brief an Adorno vom 4. 6. 1969 diesem klar zu machen versucht: »Du schreibst zur Einführung deines Begriffs der ›Kälte‹, daß wir seinerzeit ja auch die Ermordung der Juden ertragen hätten, ohne zur Praxis überzugehen,

›einfach deshalb, weil sie uns versperrt war‹. Ja, und genau heute ist sie uns nicht versperrt. Der Unterschied in der Situation ist der zwischen Faschismus und bürgerlicher Demokratie. Diese gibt auch uns Freiheiten und Rechte.« (zit. nach R. Wiggershaus, Die Frankfurter Schule, München 1986, S. 703)

15 H. Marcuse, Das Ende der Utopie, Berlin 1967, S. 80

16 Ders., Reflections on Calley. In: The New York Times, 13. 5. 1971 (unsere Übersetzung)

17 J. Marabini, Derniers désirs, Le Monde, 3. 8. 1979

18 R. Lettau, Denken und Schreiben gegen das tägliche Entsetzen. In: Stern, 9. 8. 1979

19 S. Beckett, pas à pas. In: Akzente 3/1978, S. 227 (unsere Übersetzung)

Literaturhinweise

A. Bibliographien

K.-H. Sahmel, Ausgewählte Bibliographie der Schriften von und über Herbert Marcuse. In: Jahrbuch Arbeiterbewegung, Band 6: Grenzen gewerkschaftlicher Politik. Hg. von C. Pozzoli. Frankfurt/M. 1979, S. 271-301

M. Schoolman, Bibliography. In: ders., The Imaginary Witness. The Critical Theory of Herbert Marcuse, New York/London 1980, S. 359-393

B. Werkausgabe

In der Suhrkamp-Ausgabe der »Schriften« sind bisher folgende Bände erschienen:

1: Der deutsche Künstlerroman. Frühe Aufsätze, 1978, 594 S.

3: Aufsätze aus der Zeitschrift für Sozialforschung, 1934-1941. 1979, 320 S.

5: Triebstruktur und Gesellschaft: Ein philosophischer Beitrag zu Sigmund Freud, 1979, 232 S.

8: Aufsätze und Vorlesungen 1948-1969. Versuch über die Befreiung, 1984, 319 S.

9: Konterrevolution und Revolte. Zeit-Messungen. Die Permanenz der Kunst, 1987, 243 S.

C. Bücher und Aufsätze

Im folgenden geben wir eine (chronologisch geordnete) Auswahl der wichtigsten Bücher und Aufsätze Marcuses, von denen die meisten bislang nicht in der Ausgabe der »Schriften« enthalten sind.

Beiträge zu einer Phänomenologie des Historischen Materialismus. In: Philosophische Hefte, 1. Jg. 1928, S. 45-68 (Schriften 1)

Über konkrete Philosophie. In: Archiv für Sozialwissenschaft und Sozialpolitik, 62. Jg. 1929, S. 111-128 (Schriften 1)

Zur Wahrheitsproblematik der soziologischen Methode. Karl Mannheim: Ideologie und Utopie. In: Die Gesellschaft, 6. Jg. 1929, S. 356-369 (Schriften 1)

Zum Problem der Dialektik (I). In: Die Gesellschaft, 7. Jg. 1930, S. 15-30 (Schriften 1)

Transzendentaler Marxismus? In: Die Gesellschaft, 7. Jg. 1930, S. 304-326 (Schriften 1)

Zur Auseinandersetzung mit Hans Freyers ›Soziologie als Wirklichkeitswissenschaft‹. In: Philosophische Hefte, 3. Jg. 1931, S. 83-91 (Schriften 1)

Zur Kritik der Soziologie. In: Die Gesellschaft, 8. Jg. 1931, S. 270-280 (über Siegfried Landshut: Kritik der Soziologie)

Das Problem der geschichtlichen Wirklichkeit. In: Die Gesellschaft, 8. Jg. 1931, S. 350-367 (Schriften 1)

Zum Problem der Dialektik (II). Zugleich ein Beitrag zur Frage nach den Quellen der Marxschen Dialektik bei Hegel. In: Die Gesellschaft, 8. Jg. 1931, S. 541-557 (Schriften 1)

Hegels Ontologie und die Theorie der Geschichtlichkeit, Frankfurt/M. 1932, Neuaufl. 1968

Neue Quellen zur Grundlegung des Historischen Materialismus. In: Die Gesellschaft, 9. Jg. 1932, S. 136-174 (Schriften 1)

Über die philosophischen Grundlagen des wirtschaftswissenschaftlichen Arbeitsbegriffs. In: Archiv für Sozialwissenschaft und Sozialpolitik, 69. Jg. 1933, S. 257-292 (Schriften 1)

Philosophie des Scheiterns: Karl Jaspers' Werk. In: Unterhaltungsblatt der Vossischen Zeitung, 14. 12. 1933; wiederveröff. in: Hans Saner (Hg.): Karl Jaspers in der Diskussion, München 1973, S. 125-132

Der Kampf gegen den Liberalismus in der totalitären Staatsauffassung. In: Zeitschrift für Sozialforschung, 3. Jg. 1934, S. 161-195 (Schriften 3)

Zum Begriff des Wesens. In: Zeitschrift für Sozialforschung, 5. Jg. 1936, S. 1-39 (Schriften 3)

Studie über Autorität und Familie (Theoretische Entwürfe, Ideengeschichtlicher Teil). In: Studien über Autorität und Familie, Paris 1936, S. 136-228 (Schriften 3)

Autorität und Familie in der deutschen Soziologie bis 1933 (Literaturbericht). In: Studien über Autorität und Familie, Paris 1936, S. 737-752

Über den affirmativen Charakter der Kultur. In: Zeitschrift für Sozialforschung, 6. Jg. 1937, S. 54-94 (Schriften 3)

Philosophie und kritische Theorie. In: Zeitschrift für Sozialforschung, 6. Jg. 1937, S. 631-647 (Schriften 3)

Zur Kritik des Hedonismus. In: Zeitschrift für Sozialforschung, 7. Jg. 1938, S. 55-89 (Schriften 3)

Reason and Revolution: Hegel and the Rise of Social Theory, New York 1941; dt. Ausgabe: Vernunft und Revolution. Hegel und die Entstehung der Gesellschaftstheorie, Darmstadt und Neuwied 1962

Rejoinder to K. Löwith. In: Philosophy and Phenomenological Research, Vol. 2, 1941-42, S. 564-565

Some Social Implications of Modern Technology. In: Zeitschrift für Sozialforschung, 9. Jg. 1941, S. 414-439 (Schriften 3)

Existentialism: Remarks on Jean-Paul Sartre's ›L'Etre et le Néant‹. In: Philosophy and Phenomenological Research, Vol. 8, 1948, S. 309-336; dt.: Existentialismus. Bemerkungen zu Jean-Paul Sartres ›L'Etre et le Néant‹. In: Sinn und Form, 2. Jg. 1950, S. 50-82 (Schriften 8)

Antidemocratic Popular Movements. In: H. J. Morgenthau (Hg.), Germany and the Future of Europe, Chicago 1951, S. 108-113

Eros and Civilization: A Philosophical Inquiry into Freud, Boston 1955; dt. Ausgabe: Eros und Kultur. Ein philosophischer Beitrag zu Freud, Stuttgart 1957; Neuausgabe u. d. T.: Triebstruktur und Gesellschaft. Ein philosophischer Beitrag zu Sigmund Freud, Frankfurt/M. 1965 (Schriften 5)

Dialectic and Logic since the War. In: Ernest J. Simmons (Hg.), Continuity and Change in Russian and Soviet Thought, Cambridge (Mass.) 1955, S. 347-358

The Social Implications of Freudian ›Revisionism‹. In: Dissent, 2. Jg. 1955, S. 221-240; dt. in: Psyche, 11. Jg. 1957, S. 801-820

Aggressivität in der gegenwärtigen Industriegesellschaft. Vortrag (1956). In: Neue Rundschau, 78. Jg. 1967, S. 7-21; wiederveröff. in: Herbert Marcuse u. a., Aggression und Anpassung in der Industriegesellschaft, Frankfurt/M. 1968, S. 7-29 (Schriften 8)

A Reply to Erich Fromm. In: Dissent, 3. Jg. 1956, S. 79-81

Trieblehre und Freiheit. Vortrag (Frankfurt/M. 1956). In: Freud in der Gegenwart, Frankfurt/M. 1957, S. 401-424; wiederveröff. in: Hans-Peter Gente (Hg.), Marxismus Psychoanalyse Sexpol. Band 2: Aktuelle Diskussion, Frankfurt/M. 1972, S. 178-200

Die Idee des Fortschritts im Lichte der Psychoanalyse. Vortrag (Frankfurt/M. 1956). In: Freud in der Gegenwart, Frankfurt/M. 1957, S. 425-441

Preface. In: Franz L. Neumann, The Democratic and the Authoritarian State, Glencoe (Ill.) 1957, S. VII-X (in der deutschen Ausgabe, Frankfurt/M. 1967, nicht abgedruckt)

Soviet Marxism: A Critical Analysis, New York 1958; dt. Ausgabe: Die Gesellschaftslehre des sowjetischen Marxismus, Darmstadt und Neuwied 1964

Preface. In: Raya Dunayevskaya, Marxism and Freedom from 1776 until Today, New York 1958, S. 15-20

Notes on the Problem of Historical Laws. In: Partisan Review, 26. Jg. 1959, S. 117-129 (über Karl Popper: Das Elend des Historizismus)

The Ideology of Death. In: Herman Feifel (Hg.), The Meaning of Death, New York 1959, S. 64-76; dt.: Die Ideologie des Todes. In: Hans Ebeling (Hg.), Der Tod in der Moderne, Köln 1979, S. 106-115

A Note on Dialectic (neues Vorwort zu: Reason and Revolution, Boston 1960)

Language and Technological Society. In: Dissent, 8. Jg. 1961, S. 66-74

The Problem of Social Change in the Technological Society. In: Raymond Aron (Hg.), Le Développement Social (UNESCO-Congrès), Paris 1961, S. 139-160

Emanzipation der Frau in der repressiven Gesellschaft. Ein Gespräch mit Peter Furth. In: Das Argument 23, 1962, S. 4-11

Idéologie et société industrielle avancée. In: Médiations, 5. Jg. 1962, S. 57-71; dt.: Über das Ideologieproblem in der hochentwickelten Industriegesellschaft. In: Kurt Lenk (Hg.), Ideologie. Ideologiekritik und Wissenssoziologie, 2. Aufl. Darmstadt und Neuwied 1964, S. 395-419

Zur Stellung des Denkens heute. In: Max Horkheimer (Hg.), Zeugnisse. Theodor W. Adorno zum 60. Geburtstag, Frankfurt/M. 1963, S. 45-49

One Dimensional Man: Studies in the Ideology of Advanced Industrial Society, Boston 1964; dt. Ausgabe: Der eindimensionale Mensch. Studien zur Ideologie der Fortgeschrittenen Industriegesellschaft, Neuwied und Berlin 1964

World without Logos. In: Bulletin of the Atomic Scientists 20, 1964, S. 25-26

Industrialisierung und Kapitalismus im Werk Max Webers. In: Max Weber und die Soziologie heute, Tübingen 1964, S. 161-180 (Schriften 8)

Remarks on a Redefinition of Culture. In: Daedalus, 94. Jg. 1965, S. 190-207 (Schriften 8)

Comes the Revolution? In: Partisan Review, 32. Jg. 1965, S. 159-160

Der Einfluß der deutschen Emigration auf das amerikanische Geistesleben – Philosophie und Soziologie. In: Jahrbuch für Amerikastudien, Bd. 10, 1965, S. 27-33

Perspektiven des Sozialismus in der entwickelten Industriegesellschaft. In: Praxis, 1. Jg. 1965, S. 260-270

Einige Streitfragen. In: Praxis, 1. Jg. 1965, S. 377-379

Nachwort. In: Walter Benjamin, Zur Kritik der Gewalt und andere Aufsätze, Frankfurt/M. 1965, S. 97-107

Nachwort. In: Karl Marx, Der 18. Brumaire des Louis Bonaparte, Frankfurt/M. 1965, S. 143-150

On Science and Phenomenology. In: Boston Studies in the Philosophy of Science, Vol. 2, New York 1965, S. 279-291

Repressive Tolerance. In: Robert P. Wolff u. a., A Critique of Pure Tolerance, Boston 1965, S. 81-117; dt. in: dies., Kritik der reinen Toleranz, Frankfurt/M. 1966, S. 91-128 (Schriften 8)

Socialist Humanism? In: Erich Fromm (Hg.), Socialist Humanism – an International Symposium, Garden City (N.Y.) 1965, S. 96-106

Statement on Vietnam. In: Partisan Review, 32. Jg. 1965, S. 646-649

Kultur und Gesellschaft 1, Frankfurt/M. 1965

Kultur und Gesellschaft 2, Frankfurt/M. 1965

Negations. Essays in Critical Theory, Boston 1965

Die Analyse eines Exempels. In: Neue Kritik, Juli/August 1966, S. 30-40

The Individual in the ›Great Society‹. In: Alternatives, 1. Jg. 1966, H. 1, S. 14-16; H. 2, S. 29-35 (Schriften 8)

Zur Geschichte der Dialektik. In: Sowjetsystem und Demokratische Gesellschaft, Band I, Freiburg 1966, S. 1192-1211 (Schriften 8)

Political Preface 1966. In: ders., Eros and Civilisation (1966)

Das Ende der Utopie. Herbert Marcuse diskutiert mit Professoren und Studenten an der Freien Universität West-Berlins. Hg. v. Horst Kurnitzky/Hansmartin Kuhn, Berlin 1967

Art in the One-Dimensional Society. Vortrag (New York 1967). In: Lee Baxandall (Hg.), Radical Perspectives in the Arts, Baltimore 1972, S. 53-67

Befreiung von der Überflußgesellschaft. Vortrag (London 1967). In: David Cooper (Hg.), Dialektik der Befreiung, Reinbek 1969, S. 90-101; und in: Kursbuch 16, 1969, S. 185-198

Die Gesellschaft als Kunstwerk. In: Neues Forum, 14. Jg. 1967, S. 863-866

Love Mystified – A Critique of Norman O. Brown. In: Commentary, 43. Jg. 1967, S. 71-75; dt. in: Norman O. Brown, Love's Body. Wider die Trennung von Geist und Körper, Wort und Tat, Rede und Schweigen, München 1977, S. 232-244

On Changing the World – a Reply to Karl Miller. In: Monthly Review 5/1967, S. 42-48

The Inner Logic of American Policy in Vietnam. In: Louis Menashe/Ronald Radosh (Hg.), Teach-Ins: USA, New York 1967, S. 64-67

The Obsolescence of Marxism. In: Nicholas Lobkowicz (Hg.), Marx and the Western World, Notre Dame (Ind.) 1967, S. 409-417

The Responsibility of Science. In: Leonard Krieger/Fritz Stern (Hg.): The Responsibility of Power. Historical Essays in Honor of Hajo Holborn, Garden City (N.Y.) 1967, S. 439-444

Thoughts on the Defense of Gracchus Babeuf. In: John A. Scott (Hg.), The Defense of Gracchus Babeuf before the High Court of Vendome, Amherst (Mass.) 1967, S. 96-105

Ziele, Formen und Aussichten der Studentenopposition. In: Das Argument 5/6, 1967, S. 398-408

Zum Begriff der Negation in der Dialektik. In: Filosoficky Časopis 3, Prag 1967, S. 375-379 (Schriften 8)

Psychoanalyse und Politik, Frankfurt/M. 1968

Freiheit und Notwendigkeit. Bemerkungen zu einer Neubestimmung. Vortrag (Korčula 1968). In: Marx und die Revolution, Frankfurt/M. 1970, S. 12-23 (Schriften 8)

Über Revolte, Anarchismus und Einsamkeit. Ein Gespräch mit L'Express (1968), Zürich 1969

Does Democracy have a Future? (Symposion mit H. Marcuse, Norman Mailer, Nat Hentoff und Arthur Schlesinger). In: The New York Times Magazine, May 26, 1968

On the New Left. Vortrag (1968). In: Massimo Teodori, The Left – A Documentary History, Indianapolis 1969, S. 468-473

Varieties of Humanism. In: Center Magazine, July 1968, S. 13-15

An Essay on Liberation, Boston 1969; dt. Ausgabe: Versuch über die Befreiung, Frankfurt/M. 1969 (Schriften 8)

Ideen zu einer kritischen Theorie der Gesellschaft, Frankfurt/M. 1969

The Relevance of Reality. In: American Philosophical Association: Proceedings and Adresses, 1968-1969, College Park 1969, S. 39-50

Foreword to the Second Edition. In: Leo Löwenthal/Norbert Guterman, Prophets of Deceit, Palo Alto 1970, S. V-VIII

Der Humanismus in der fortgeschrittenen Industriegesellschaft. Vortrag und Diskussionsbeiträge. In: O. Schatz, Die erschreckende Zivilisation, Wien 1970, S. 15-33, S. 211 ff

Revolution oder Reform? Herbert Marcuse und Karl Popper. Eine Konfrontation (Fernsehsendung vom 5. 1. 1971). Hg. v. Franz Stark, München 1971

A Reply to Lucien Goldmann. In: Partisan Review, 38. Jg. 1971, S. 397-400

Charles Reich as a Revolutionary Ostrich. In: The Con III Controversy. Hg. v. Ph. Nobile, New York 1971, S. 15-17

Conversation with Sam Keen and John Raser. In: Psychology Today, Feb. 1971, S. 35-66

The Movement in a New Era of Repression: An Assessment. In: Berkeley Journal of Sociology 16, 1971-72, S. 1-14

Reflections on Calley. In: The New York Times, May 13, 1971

Counterrevolution and Revolt, Boston 1972; dt. Ausgabe: Konterrevolution und Revolte, Frankfurt/M. 1973 (Schriften 9)

Rede und Diskussionsbeiträge. In: Am Beispiel Angela Davis. Der Kongreß in Frankfurt. Reden, Referate, Diskussionsprotokolle, Frankfurt/M. 1972, S. 15-16, 137-140, 148-149

Can Communism be Liberal? Gespräch mit Raymond Aron. In: New Statesman, June 23, 1972, S. 860-861

Art as Form of Reality. In: New Left Review 74, July/Aug. 1972, S. 51-58

Watergate – When Law and Morality Stand in the Way. In: The New York Times, June 27, 1973

Marxismus und Feminismus. Vortrag (Stanford 1974). In: Jahrbuch Politik 6, Berlin 1974 (Schriften 9)

Zeit-Messungen. Drei Vorträge und ein Interview, Frankfurt/M. 1975 (Schriften 9)

Die Permanenz der Kunst. Wider eine bestimmte marxistische Ästhetik. Ein Essay, München 1977 (Schriften 9)

Mord darf keine Waffe der Politik sein. In: Die Zeit, 16.9.1977, S. 41 f

Heidegger's Politics: An Interview with Frederic Olafson. In: Graduate Faculty Philosophy Journal, Vol. 6, New York 1977, S. 28-40

Enttäuschung. In: G. Neske (Hg.), Erinnerung an Martin Heidegger, Pfullingen 1977, S. 162-163

J. Habermas, S. Bovenschen u. a., Gespräche mit Herbert Marcuse, Frankfurt/M. 1978

The Reification of the Proletariat. In: Canadian Journal of Political and Social Theory, Vol. 3, Winnipeg 1979, S. 20-23

Protosozialismus und Spätkapitalismus. In: kritik – Zeitschrift für sozialistische Diskussion 19, 1979, S. 5-27

Die Revolte der Lebenstriebe. In: Psychologie heute, Sept. 1979, S. 40-41 (Vortrag vom 18. Mai 1979 in Frankfurt über »Fortschritt und Innerlichkeit«)

Auf der Suche nach dem Prinzip Hoffnung. Ein Gespräch mit Herbert Marcuse. In: die tageszeitung, 1. 6. 1979

Erwähnenswert ist schließlich Marcuses Tätigkeit als Rezensent der Zeitschrift für Sozialforschung, für die er zwischen 1933 und 1941 über 150 Autoren vorstellte. Besonders intensiv hat er zunächst die Entwicklung der Philosophie und Geisteswissenschaften in Deutschland beobachtet, später den amerikanischen Pragmatismus und die Entwicklung der analytischen Philosophie. Zu den rezensierten Autoren gehören u. a. Hans Freyer, Alfred Döblin, Arnold Gehlen, Carl Schmitt, Karl Mannheim, Theodor Litt, Johan Huizinga, Nikolai Bucharin, Helmut Plessner, Edmund Husserl, später dann John Dewey, Bertrand Russell, Rudolf Carnap.

D. Ausgewählte und kommentierte Sekundärliteratur

Man sollte Marcuses Werk, das in wesentlichen Teilen aus der Frankfurter Schule um Max Horkheimer hervorgegangen ist, in diesem Kontext lesen. Deshalb seien als allgemeine Einführung in die Geschichte der Frankfurter Schule empfohlen:
Martin Jay, *Dialektische Phantasie*. Die Geschichte der Frankfurter Schule und des Instituts für Sozialforschung 1923-1950, Frankfurt/M. 1976, und: Rolf Wiggershaus, *Die Frankfurter Schule*. Geschichte. Theoretische Entwicklung. Politische Bedeutung, München 1986.

Martin Jays Buch, die erste große historische Studie, behandelt nur die Zeit von 1923-1950, Wiggershaus späteres Buch nun auch ausführlich die Vorgeschichte und die Zeit nach dem Zweiten Weltkrieg bis zu Adornos Tod 1969. Jays Buch hat den Vorzug, noch in enger Zusammenarbeit mit Horkheimer, Marcuse und vor allem Leo Löwenthal entstanden zu sein; es ist bis in den Stil durch das Denken dieser drei geprägt, während das Buch von Wiggershaus eine von Adorno stilistisch und philosophisch unabhängige, aber mit Adornos Perspektive stark sympathisierende Darstellung ist. In beiden, glänzend geschriebenen Büchern spielt natürlich Marcuse eine entscheidende Rolle. Die umfassendere Geschichte von Wiggershaus bietet für Marcuse-Interessierte den Vorzug einer komprimierten Schilderung seines Bildungswegs und seiner späteren Rolle während der Studentenbewegung, auf die Wiggershaus in einer der besten Passagen seines Buches ausführlich eingeht.

Ferner sei in diesem Zusammenhang hingewiesen auf: Martin Jay, *Marxism and Totality*. The Adventures of a Concept from Lukács to Habermas, Cambridge 1984. Dieses Buch stellt das Denken der Frankfurter Schule und Marcuses in einen breiten Zusammenhang des gesamten westlichen Marxismus. Diesem, so Jays These, geht es seit Lukács' »Geschichte und Klassenbewußtsein« immer um die Bewahrung der Perspektive des gesellschaftlichen Ganzen und die Rekonstruktion eines rationalen Begriffs der Totalität. Was so verschiedene Geister wie Karl Korsch und Lucien Goldmann, Gramsci und Lukács, Sartre und Merleau-Ponty, Della Volpe und Lucio Colletti, Althusser, Bloch und Lefebvre mit den Philosophen der Frankfurter Schule, von denen

Jay ausführlich Horkheimer, Marcuse, Adorno und Habermas behandelt, verbindet, ist dieser Versuch, die gesellschaftlichen Bedingungen der Möglichkeit einer vernünftigen Entwicklung des Ganzen zu ermitteln. Marcuse wird von Jay unter dem interessanten, durch »Triebstruktur und Gesellschaft« bestimmten Gesichtspunkt einer erinnerungsorientierten, anamnetischen Totalisierung der Gesellschaft im Lichte ihrer vergessenen und verdrängten geschichtlichen Möglichkeiten analysiert. Leider liegt das Buch bisher nicht in einer deutschen Übersetzung vor.

Um sich rasch, auf wenigen Seiten und doch gleich inmitten der Sache mit Marcuses Philosophie und dessen Wirkungsgeschichte vertraut zu machen, weisen wir noch einmal auf zwei Bücher hin:

J. Habermas, S. Bovenschen u. a., *Gespräche mit Herbert Marcuse*, Frankfurt/M. 1978. Die Gespräche, die anläßlich Marcuses 80. Geburtstag erschienen sind, behandeln zahlreiche Aspekte des Werkes im Blick auf die Möglichkeiten linker Politik. Marcuse ist immer ein schlagfertiger Diskussionspartner, der intellektuellen Witz mit den mäeutischen Prinzipien des philosophischen Dialogs zu integrieren versteht.

Antworten auf Herbert Marcuse, Hg. v. J. Habermas, Frankfurt/M. 1986. Die Beiträge des Bandes sind ein historisches Dokument. Jüngere linke und engagierte Sozialwissenschaftler diskutieren in dieser »Anti-Festschrift« über Marcuses Theorie unmittelbar unter dem Eindruck der Studentenrevolte, in die sie selbst mehr oder weniger verstrickt sind. Die überscharfe Wahrnehmung jener Tage führte nicht nur zu unscharfer, politisch verzerrter Kritik, sie lenkt den Blick bisweilen auch auf wirkliche Schwächen der kritischen Theorie Marcuses.

Auffällig ist, sieht man die umfangreiche Sekundärliteratur zu Marcuse durch, der recht geringe Anteil deutscher Beiträge im Vergleich zu englischsprachigen oder französischen. Auch das macht noch einmal deutlich, daß die Studentenbewegung, die in den sechziger Jahren eine ungeheuer breite Rezeption Marcuses bewirkte, ein internationales Phänomen der ganzen westlichen Welt war. Marcuses Wirkung ging von der Revolte von Berkeley an der Westküste der Vereinigten Staaten aus. Im übrigen waren in den sechziger Jahren die Sperren des gebildeten Publikums gegen jedes radikale Denken von links in Westdeutschland immer noch sehr hoch. Größere Studien sind zunächst kaum über Dissertationsformat hinausgelangt (lesenswert ist u.a. K.-H. Sahmel, *Vernunft und Sinnlichkeit*, Hanstein 1979). Lediglich bei einigen Rechten regte sich ein etwas obszönes Interesse an dem ehemaligen Heidegger-Schüler Marcuse (vgl. z.B. Reinhart Maurer, *Revolution und ›Kehre‹*, Frankfurt/M. 1975). Natürlich war die bis heute lebendige Anteilnahme des Verfassungsschutzes am Werk Marcuses stets erheblich, die aus ähnlichen Motiven gespeiste Würdigung durch DDR-Autoren und ihren westdeutschen Anhang freilich weit emsiger und auch erfinderischer in der Konstruktion von Verschwörungszusammenhängen (unübertroffen bis heute: R. Steigerwald, *Marcuses dritter Weg*, Köln 1969; weniger orthodox und sachlicher: H.H. Holz, *Utopie und Anarchismus*. Zur Kritik der kritischen Theorie Herbert Marcuses, Köln 1968).

Immerhin sind auch einige erwähnenswerte Bücher auf deutsch erschienen. Eine der besten Arbeiten ist immer noch: Jóhann Páll Árnason, *Von Marcuse zu Marx*, Neuwied/Berlin 1971. Die breit angelegte Darstellung von Marcuses Werk, die auch die Frühschriften ausführlich behandelt, arbeitet die anthropologischen Grundlagen von Marcuses Denken heraus. Árnason hält eine anthropologische Fundierung der Kritischen Theorie und ihres utopischen Gehalts für notwendig. Gerade Utopie und Anthropologie gehören in einem praxisphilosophischen Ansatz zusammen. Árnason sieht ein Ergänzungsverhältnis in den utopischen Grenzbegriffen der »gewaltfreien Aneignung« (Marcuse) und der »herrschaftsfreien Kommunikation« (Habermas); im Anschluß an den frühen, existentialistischen Marcuse aber gilt es, beide Begriffe in einer Anthropologie von Interaktion und Aneignung zu begründen.

Eine gründliche Darstellung und Kritik gibt auch: Roland Roth, *Rebellische Subjektivität*. Herbert Marcuse und die neuen Protestbewegungen, Frankfurt/M., New York 1985. Das Buch hält, was der Untertitel verspricht, und deshalb ist es interessant. Marcuse war der Philosoph des Pariser Mai, aber wie verhält sich sein Denken zu den neuesten Protestbewegungen und was können diese noch von Marcuse lernen?

Eine wichtige, undogmatische Kritik am »Eindimensionalen Menschen« aus orthodox marxistischer, von Moskau unabhängiger Sicht ist immer noch: Paul Mattick, *Kritik an Herbert Marcuse*, Frankfurt/M. 1969.

Herauszuheben ist aber vor allem: Stefan Breuer, *Die Krise der Revolutionstheorie*. Negative Vergesellschaftung und Arbeitsmetaphysik bei Herbert Marcuse, Frankfurt/M. 1977. Die umfangreiche Studie ist zweifellos das beste Buch, das auf deutsch über Marcuse erschienen ist. Leider ist sein Autor Neostrukturalist, und das ist insofern zu bedauern, als aus dieser Sicht am Ende kaum eine Kritik möglich ist, die am kritisierten Gegenstand noch etwas übrig läßt, was über den reinen Negativismus alles übermächtigender Strukturen hinausführt. Die Kritik verharrt in einer Welt, in der alles anders sein könnte und auch anders wird, wir aber gerade daran nichts mehr ändern können. Pläne machen und etwas willentlich ändern ist eben »Arbeitsmetaphysik«, die es zu destruieren gilt; die Krise der Revolutionstheorie endet irgendwo im Niemandsland zwischen Foucault und Luhmann. Breuers vorzüglichem Buch fehlt die rettende Kraft hermeneutischer Aneignung, die das Fremde nicht verletzt und die Gadamer, mit einem ganz und gar romantischen Ausdruck, »Horizontverschmelzung« nennt. Aber auch eine exzellente poststrukturalistische Verweigerung rettenden Verstehens kann unser Verständnis der dekonstruierten Texte erweitern und vertiefen. Das ist nicht das geringste Verdienst von Breuers Buch.

Wenn es ein Buch gäbe, das die neufranzösische Dekonstruktion Marcuses um eine analytisch geschulte Rekonstruktion ergänzen könnte – wir hätten es natürlich noch lieber empfohlen. Alasdair MacIntyres *Herbert Marcuse*, München 1971, ist zwar von einem analytisch geschulten Geist geschrieben, doch leider von einem, der Marcuse haßt und in einem klar geschriebenen Text einen Autor zum Objekt der Kritik macht, den wir nur noch mit Mühe als den erkennen können, der »Triebstruktur und Gesellschaft« oder »Vernunft und Revolution« geschrieben hat. Etwas besser gelungen ist der – freilich nur auf englisch zugängliche – Versuch einer analytischen Kritik bei Robert W. Marks, *The Meaning of Marcuse*, New York 1970.

Von der weit gefächerten und zahlreichen englischsprachigen, besonders amerikanischen Literatur wollen wir wenigstens zwei Bücher empfehlen: Douglas Kellner, *Herbert Marcuse and the Crisis of Marxism*, London 1984, und: Merton Schoolman, *The*

Imaginary Witness. The Critical Theory of Herbert Marcuse, London 1980.

Auch in Frankreich sind sehr viel mehr Bücher, zahlreiche Mono- und Biographien, über Marcuse erschienen als in der Bundesrepublik. Erwähnt sei zumindest Jean-Michel Palmier, *Marcuse et la nouvelle gauche*. Philosophie et révolution, Paris 1973.

Zeittafel

1898	Herbert Marcuse wird am 19. Juli in Berlin als erster Sohn einer wohlhabenden assimilierten jüdischen Familie geboren (Vater: Carl Marcuse, Mutter: Gertrud, geb. Kreslawsky)
1902	Geburt der Schwester Else
1904	Eintritt in die Vorschule
1907	Marcuse wird Schüler des Mommsen-Gymnasiums. Geburt des Bruders Erich
1916	Marcuse legt infolge der Kriegsereignisse das Notabitur ab und wird in die Reichswehr nach Darmstadt eingezogen
1917	Eintritt in die Sozialdemokratische Partei, die er nach der Ermordung Karl Liebknechts und Rosa Luxemburgs verläßt
1918	Rückkehr nach Berlin durch Versetzung zur Luftschiffer-Ersatz-Abteilung I. Marcuse wird in den Soldatenrat von Reinickendorf gewählt
1919-20	Marcuse studiert vier Semester Germanistik an der Humboldt-Universität in Berlin
1920	Wechsel auf die Albert-Ludwig-Universität nach Freiburg
1922	Marcuse wird magna cum laude mit einer germanistischen Arbeit »Der Künstlerroman« bei Philip Witkop (1880-1942) in Freiburg promoviert. Rückkehr nach Berlin. Dort verkehrt er in literarischen, expressionistischen Zirkeln und arbeitet als Antiquar in der Buchhandlung von S. Martin Fraenkel. Er veröffentlicht die »Schiller-Bibliographie«
1924	Heirat mit Sophie Wertheim, einer Mathematikerin und Statistikerin aus Freiburg

1928 Marcuse geht zurück an die Freiburger Universität, um Philosophie bei Martin Heidegger zu studieren

1929 Geburt des Sohnes Peter

1932 Habilitationsschrift über »Hegels Ontologie und die Theorie der Geschichtlichkeit«. Die Arbeit wird aufgrund der sich abzeichnenden politischen Ereignisse nicht mehr eingereicht, aber von Heideggers Verleger Klostermann noch publiziert. Max Horkheimer nimmt über Leo Löwenthal, der nach Freiburg zu Marcuse fährt, Kontakt zu ihm auf

1933 Marcuse und seine Familie verlassen noch vor Hitlers Machtantritt Deutschland. Sie gehen nach Zürich

1934 Emigration in die USA. Marcuse wird vom ebenfalls nach New York übergesiedelten Institut für Sozialforschung angestellt

1936 *Studien über Autorität und Familie*

1939 Die Eltern, der Bruder Erich und seine Frau emigrieren nach London, wo bereits die Schwester Else mit ihrem Mann lebt. Verwandte, die sich nicht mehr retten konnten, werden im KZ Theresienstadt ermordet

1941 Das zweite Hegel-Buch, *Vernunft und Revolution*, erscheint. Das Institut für Sozialforschung zieht um nach Santa Monica in Kalifornien

1942-51 Die ökonomische Situation des Instituts zwingt Marcuse dazu, eine neue Stellung in Washington am Office of Strategic Services (OSS) anzunehmen. Seine Frau Sophie findet dort Arbeit als Statistikerin. Franz Neumann und Otto Kirchheimer gehören derselben Projekt-Gruppe an: sie arbeiten bei Kriegsende an einem Entnazifizierungsprogramm

1951 Sophie Marcuse stirbt an Krebs

1951-54 Marcuse arbeitet an den Russian Institutes der New Yorker Columbia University und in Harvard an Studien über den Sowjet-Marxismus

1954 Marcuse heiratet Inge Neumann, die Witwe Franz Neumanns. Er erhält seine erste Professur an der Brandeis University für Philosophie und Politologie. Umzug nach Newton, Massachusetts

1955 *Triebstruktur und Gesellschaft*

1958	Seine Studie zum Sowjet-Marxismus erscheint. Marcuse nimmt eine Einladung an die Pariser Ecole Pratiques des Hautes Etudes an
1964	*Der eindimensionale Mensch*
1965	Marcuse wird Professor für Politologie an der University of San Diego in Kalifornien
1968-69	Mehrmonatige Aufenthalte in Europa. Vorträge und Diskussionen mit Studenten in Berlin, Paris, London und Rom. Mit der Entstehung der amerikanischen und europäischen Studentenbewegung wird Marcuse zu einem ihrer Interpreten. Sein zunehmendes politisches Engagement macht ihn zum weltberühmten Intellektuellen und Theoretiker der neuen sozialen Bewegungen. Sein *Versuch über die Befreiung* erscheint
1973	Inge Marcuse, die wesentlichen Anteil am öffentlichen Wirken Marcuses gehabt hat, stirbt an Krebs
1974	*Marxismus und Feminismus*
1976	Marcuse heiratet Erica Sherover, eine ehemalige Assistentin
1977	*Die Permanenz der Kunst*
1978	Herbert Marcuse wird 80 Jahre alt. Ein öffentliches Ereignis
1979	Zehn Tage nach seinem 81. Geburtstag stirbt Herbert Marcuse in Starnberg

Hauke Brunkhorst, geb. 1945 in Marne. Studium der Philosophie und Sozialwissenschaften in Kiel und Frankfurt. Lehrt an der Universität Frankfurt am Main. Veröffentlichungen zur Theorie der Kultur und zur Kritischen Theorie. Zuletzt erschien: *Der Intellektuelle im Land der Mandarine*, Frankfurt/M. 1987.

Gertrud Koch, geb. 1949 in Garmisch-Partenkirchen. Studium der Germanistik, Philosophie und Soziologie in Frankfurt. Herausgeberin von *Frauen und Film* und *Babylon. Beiträge zur jüdischen Gegenwart*. Veröffentlichungen in Zeitschriften, Sammelbänden und Zeitungen. Lehrt Filmtheorie an der Frankfurter Universität.

In der Reihe »Grosse Denker - Eine Einführung« sind lieferbar:

Ernst Bloch
von Detlef Horster
3-926642-52-1

Giordano Bruno
von Anne Eusterschulte
3-926642-53-X

Europäische Mystik
von Gerhard Wehr
3-926642-54-8

Gnosis
von Julia Iwersen
3-926642-55-6

Jesus
von Peter Antes
3-926642-56-4

Lao-Tzu
von Florian C. Reiter
3-926642-57-2

Friedrich Schlegel
von Berbeli Wanning
3-926642-60-2

Georg Lukács
von Rüdiger Dannemann
3-926642-58-0

Montesquieu
von Michael Hereth
3-926642-59-9

Herbert Marcuse
von H. Brunkhorst/G. Koch
3-926642-61-0

Blaise Pascal
von Eduard Zwierlein
3-926642-62-9

Plotin
von Susanne Möbuß
3-926642-63-7

Die Sophisten
von Bernhard H.F. Taureck
3-926642-64-5

Die Vorsokratiker
von Carl-Friedrich Geyer
3-926642-65-3

Simone Weil
von Heinz Abosch
3-926642-66-1

Carl Friedrich von Weizsäcker
von Michael Drieschner
3-926642-67-X

Erich Fromm
von Helmut Wehr
3-926642-68-8

Hans Jonas
von Franz Josef Wetz
3-926642-69-6

In der Reihe »MEISTERDENKER« sind lieferbar:

Stephen W. Hawking
von Klaus Mainzer
3-926642-29-7

Jean-Paul Sartre
von Susanne Möbuß
3-926642-30-0

Soeren Kierkegaard
von Patrick Gardiner
3-926642-31-9

C. G. Jung
von Anthony Stevens
3-926642-32-7

Arthur Schopenhauer
von Margot Fleischer
3-926642-33-5

Siegmund Freud
von Anthony Storr
3-926642-34-3

Albert Einstein
von Klaus Fischer
3-926642-35-1

Thomas von Aquin
von Anthony Kenny
3-926642-36-X

Martin Luther
von Ernstpeter Maurer
3-926642-37-8

Galileo Galilei
von Stillman Drake
3-926642-38-6

Sokrates
von C.C.W. Taylor
3-926642-39-4

René Descartes
von Tom Sorell
3-926642-40-8

Thomas Hobbes
von Richard Tuck
3-926642-41-6

Jean-Jacques Rousseau
von Robert Wokler
3-926642-42-4

In der Reihe »MEISTERDENKER« sind lieferbar::

Immanuel Kant
von Roger Scruton
3-926642-43-2

Friedrich Nietzsche
von Michael Tanner
3-926642-45-9

Martin Heidegger
von Michael Inwood
3-926642-46-7

Ludwig Wittgenstein
von A.C. Grayling
3-926642-47-5

Karl Marx
von Iring Fetscher
3-926642-48-3

Aristoteles
von Thomas Buchheim
3-926642-49-1

Augustinus
von Wilhelm Geerlings
3-926642-51-3

Platon
von Michael Bordt
3-926642-50-5

Georg Wilhelm Friedrich Hegel
von Martin Gessmann
3-926642-44-0